LE CAPITAINE
DES
PÉNITENTS NOIRS

PAR

PONSON DU TERRAIL

I
L'INNOCENT

PARIS
E. DENTU, ÉDITEUR
LIBRAIRE DE LA SOCIÉTÉ DES GENS DE LETTRES
PALAIS-ROYAL, 17 ET 19, GALERIE D'ORLÉANS

L'INNOCENT

PARIS. — TYPOGRAPHIE POINTEL, 13, QUAI VOLTAIRE

PONSON DU TERRAIL

LE CAPITAINE
DES
PÉNITENTS NOIRS

I

L'INNOCENT

PARIS
E. DENTU, ÉDITEUR
LIBRAIRE DE LA SOCIÉTÉ DES GENS DE LETTRES
Palais-Royal, 17 et 19, galerie d'Orléans
1869
Tous droits réservés

LE CAPITAINE

DES

PÉNITENTS NOIRS

I

La Durance est une rivière qui mérite le nom de fleuve.

Torrent à sa source, elle descend impétueusement à travers les dernières chaînes des Alpes, puis élargit peu à peu son lit, accroît par de nombreux affluents le volume de ses eaux, et s'avance alors majestueuse et calme comme un fleuve du nouveau monde, à travers les vastes et fertiles plaines de la Provence occidentale, où elle rencontre le Rhône, avec qui elle se confond.

A quelques lieues de distance, on peut la voir sous ses deux aspects si différents.

Il suffit pour cela, lorsqu'on part d'Aix et qu'on est arrivé en haut de la colline que domine le petit village de Verrelle, de suivre l'une ou l'autre bifurcation de la route impériale.

A cet endroit, vous trouverez un poteau surmonté de deux palettes.

Sur la palette de gauche vous lirez : *Route de Pertuis* ; sur l'autre : *Route des Alpes*.

Suivez la première de ces indications, vous arriverez, au bout d'une heure, au bord de la montagne et vous aurez sous vos pieds un admirable et gigantesque panorama : une vaste plaine, mouchetée çà et là de villages et de villes, bornée au lointain par la chaîne pelée du Lubéron, traversée par la Durance devenue fleuve et courant à travers de petites îles limoneuses qui font de ce coin de la Provence une nouvelle vallée du Nil.

Suivez, au contraire, la seconde, et l'aspect sera tout différent.

La route descend en rampes brusques et dangereuses, armées de garde-fous jusqu'au fond d'une vallée sauvage et resserrée.

Les montagnes sont couvertes de pins et de chênes verts ; l'horizon est borné par une succession de coteaux rocheux, escarpés, tantôt gris et tantôt d'un rouge brun ou d'un jaune éclatant.

Sur un pic, dans un pli de vallon, se dresse ou se cache à demi une ruine féodale, une tour où un château, aussi ruinés qu'un vieux burg des bords du Rhin.

Sous vos pieds gronde la Durance ; mais vous ne la voyez pas encore.

Ce ne sera qu'à la dernière rampe, au bas du dernier contour, qu'elle vous apparaîtra tout à coup rapide, profonde, encaissée, clapotant sur de larges roches, comme un ruisseau sur un lit de cailloux.

Point de pont.

Si vous voulez passer, il faudra gagner le bac de Mirabeau.

Le bac est de ce côté-ci ; le château qui porte le nom du grand orateur est sur l'autre rive.

Quand vous serez dans le large bateau plat qu'on fait mouvoir avec un câble et une poulie gigantesques, le frisson vous prendra.

Le fleuve est rapide, l'eau est noire ; les rives escarpées paraissent inhospitalières, et le naufragé chercherait peut-être longtemps avant de pouvoir se frayer un passage et toucher la terre, au travers des immenses touffes de saules et d'oseraies qui penchent leur chevelure emmêlée sur la rivière.

Et cette mystérieuse épouvante s'emparera de vous en plein jour.

Que sera-ce donc la nuit?

La maison du passeur est au pied même de la dernière rampe.

C'est une chaumière, bâtie en pisé, avec un de ces toits de tuile rouge qu'on ne voit que dans le Midi.

De tout temps le passeur est un célibataire; il n'a besoin ni de femme, ni d'enfants.

Deux ou trois chèvres qui broutent l'herbe malingre et desséchée de la montagne à pic sont tout son bien.

Le rare voyageur trouve chez lui une tasse de lait.

Quelquefois cependant il a du vin, mais pas toujours. Il vous le donnera et ne le vendra point, du reste, et vous répondra qu'il ne tient pas auberge.

Depuis plus de cinquante ans, les passeurs de Mirabeau se succèdent d'oncle à neveu.

C'est une famille de Cadarache, un village qu'on trouve en remontant la Durance, qui fournit cette singulière dynastie.

On appelle ces gens-là les Bartalay.

Le premier passeur dont les riverains gardent souvenance se nommait Jean Bartalay.

Il exerçait son métier vers la fin du premier Empire.

Le Midi, pays de passions religieuses et politiques, a toujours été troublé par le contre-coup de nos révolutions.

La terreur blanche d'Avignon a eu son contre-coup à Pertuis et dans les environs en 1815.

La chaîne sauvage du Lubéron, qui ferme l'horizon au nord, a recelé des bandes armées qui se sont livré de vraies batailles.

Donc, en 1815, les protestants, que l'Empire avait protégés, furent malmenés par les catholiques.

Les gens de la Bastidonne et de la Tour-d'Aigues, presque tous de la religion, rencontrèrent dans une fête de village, un *romérage*, comme on dit, les garçons de Jouques et de Saint-Paul-lez Durance.

La querelle commença par des coups de

poing, se continua par des coups de couteau, et ceux de la rive gauche, c'est-à-dire les catholiques, ne furent pas les plus forts.

La nuit suivante, une nuit sombre et sans lune, le passeur Jean Bartalay était couché dans sa maison et dormait profondément, quand on vint frapper à sa porte. Il se leva, se mit à la fenêtre, crut être le jouet d'un rêve, se frotta les yeux pour s'assurer qu'il était bien réveillé, et finalement, plein d'épouvante, se signa dévotement.

Une trentaine d'hommes à cheval demandaient à passer. Ces hommes étaient couverts d'une longue robe noire, et leur visage disparaissait sous une cagoule de même couleur.

Ils étaient armés de fusils, de sabres et de pistolets.

Ce n'était pas la première fois que cette troupe mystérieuse demandait à passer la Durance.

Pendant les mauvais jours de 93 une bande de gens ainsi vêtus et que le peuple avait surnommés les *pénitents noirs*, par la raison toute simple que leur costume était le même que celui des confréries qui assistent les condamnés à mort et les ensevelissent après le supplice, une bande ainsi travestie, disons-nous, avait longtemps tenu la campagne et les montagnes du voisinage.

Ils avaient incendié les villages patriotes, exécuté sans jugement des hommes que la contrée traitait de sanguinaires, puis ils s'étaient dispersés, évanouis comme des fantômes de ballade aux premiers rayons du soleil.

Jean Bartalay, déjà vieux en 1815, se souvenait parfaitement de cela.

Il ne se hasarda point à refuser ses services, et il s'empressa de s'habiller et de descendre.

Les pénitents noirs passèrent en deux fois.

Revenu seul sur l'autre rive, le passeur s'accouda à sa fenêtre et interrogea au loin l'horizon du nord. Une heure après, il vit une lueur immense, il entendit des coups de feu; le vent lui apporta des cris confus, des malédictions et tous les bruits d'une bataille; et, pensif, il attendit.

Un peu avant le jour, les pénitents noirs étaient de retour.

Jean Bartalay les repassa sur la rive gauche, se mit au lit et ne souffla mot de l'aventure.

Ce qui n'empêcha pas que, trois jours après, le courrier des Alpes, qui portait les dépêches, ayant vainement demandé le bac, se décida à enfoncer la porte du passeur et trouva le malheureux, au rez-de-chaussée de sa maison, gisant au milieu d'une mare de sang et ne donnant plus signe de vie.

Les victimes des pénitents noirs avaient pris leur revanche.

Jean Bartalay était de Cadarache, et les gens de Cadarache sont tous catholiques.

Ce fut un de ses neveux qui lui succéda.

Et c'est celui-là que nous trouvons en possession du bac de Mirabeau, à l'heure où commence notre histoire, c'est-à-dire vers la fin d'octobre 1832. Simon Bartalay vivait seul comme son oncle.

Comme lui, en 1830, il avait été contraint de passer quelques-uns de ces personnages mystérieux qui, sous la robe du pénitent noir, s'arrogeaient le rôle de justiciers.

Mais il n'avait subi aucune représaille jusque-là, et le calme était revenu.

D'ailleurs, en ce pays de Provence, où le soleil ruisselle en gerbes d'or, si les haines sont longues, les grandes colères sont de courte durée.

Le nouveau régime avait apaisé peu à peu

les esprits ; les récoltes étaient bonnes, il n'y avait pas de misère, et rien ne calme les effervescences populaires comme une année d'abondance.

Simon Bartalay ne passait plus que des voyageurs paisibles, y compris la diligence des Alpes, qui arrivait à Mirabeau à la pointe du jour.

Or ce soir-là, à l'heure habituelle, un peu avant le lever du soleil, la diligence arriva.

Elle était pleine de monde.

Un homme était assis sur la banquette, à côté du courrier.

— Bonjour, Simon, dit-il en saluant le passeur de la main.

— Bonjour, monsieur le baron, répondit Simon un peu étonné.

Celui à qui il donnait ce titre était un jeune homme de vingt-huit à trente ans, de taille moyenne, brun de visage, avec des cheveux noirs.

Son nez, fièrement busqué, ses lèvres rouges armées de dents blanches et pointues, ses mains fines et nerveuses, son petit pied bien cambré, trahissaient un spécimen des plus purs de cette vieille noblesse provençale qui se vante d'avoir pour ancêtres les patriciens de l'ancienne Rome.

— Vous voyagez donc en diligence, monsieur le baron? demanda le passeur. Qu'avez-vous fait de votre cheval anglais?

— Je vais trop loin pour lui, répondit le baron.

— Ah! cette fois, monsieur le baron, reprit le passeur, si vous allez à Mirabeau, vous ne pourrez pas faire un détour, et vous serez obligé de passer sous les fenêtres du *conseiller*, quoique cela ne vous plaise guère; la diligence ne peut pas, comme votre cheval, se détourner de la grande route.

— Une fois n'est pas coutume, répondit le jeune homme, qui, à ce nom de *conseiller*, avait eu un éclair de haine dans les yeux.

....

Et quand la diligence fut sur l'autre rive, et que Simon Bartalay revint seul en manœuvrant son bac, il se dit en la suivant des yeux sur le sillon poudreux de la grande route:

— Où donc peut aller M. le baron Henri de Vénasque?

Ça n'est pas naturel de le voir en diligence.

Le temps des *pénitents noirs* est passé, cependant.

Et Simon Bartalay rentra chez lui tout pensif.

II

Quelques jours s'étaient écoulés.

Simon Bartalay ne manquait pas chaque mois, quand la diligence des Alpes descendante passait le bac, de jeter au dedans un regard investigateur.

Il espérait toujours voir M. le baron Henri de Vénasque. Mais le jeune gentilhomme n'était point parmi les voyageurs.

Cette longue absence intriguait le passeur jusqu'à un certain point, d'autant plus que des bruits étranges s'étaient répandus dès le lendemain du passage du baron.

Le même jour, on avait vu au bas de Mirabeau le commissaire central de police de la ville d'Aix et le capitaine de gendarmerie, tous deux fort affairés.

Simon ne disait rien, mais il fronçait le sourcil et murmurait entre ses dents :

— On entendra parler des pénitents noirs au premier matin.

Pour expliquer les réflexions du passeur, il vous suffira de pénétrer dans sa maison huit jours après la scène que nous racontions naguère.

Il faisait nuit et il pleuvait.

Les poëtes qui ont chanté le Midi sans l'avoir jamais habité ni vu, se sont plu à nous le représenter comme un pays où le ciel est éternellement bleu, l'air tiède, le soleil étincelant.

C'est une erreur.

Aux chaleurs torrides de l'été succèdent quelquefois de rudes hivers; quand il pleut, la pluie est fine, serrée, glaciale, le vent froid.

A la cime des montagnes, dans le lointain, on voit blanchir la neige dès la fin d'octobre; de l'autre côté de la Durance l'hiver est souvent rigoureux.

C'était donc par un soir de pluie, et de pluie froide et pressée qui se dégageait d'un ciel couleur de plomb.

Tout le jour le vent avait soufflé avec violence et les deux voitures publiques, la *montante* et la *descendante*, comme on disait, avaient eu plusieurs heures de retard, tant les routes étaient boueuses et défoncées.

Simon était seul lorsqu'on vint frapper à la porte.

Deux hommes à pied, un colporteur et un paysan du voisinage, qui avaient cheminé de compagnie, demandaient à passer.

— Hé! les amis, fit Simon, vous ne croyez pas que par le temps qu'il fait je vais me déranger pour vos quatre sous; ça serait trop dur le métier...

— Aussi, répondit le paysan, qui était un homme du village de Cadarache et que Simon connaissait très-bien, du reste, aussi nous ne te demandons pas de nous passer.

— Alors qu'est-ce que vous voulez?

— Nous mettre à la *souste*, d'abord.

Le mot *souste* est un terme provençal qui équivaut à celui d'abri; *se mettre à la souste*, c'est se garantir de la pluie.

— Entrez donc, les amis, dit Simon.

Le paysan était armé d'un fusil et il avait au dos une carnassière.

C'était un chasseur assez adroit, et il n'était connu dans tous les environs que sous le nom de *cussaire*.

Lou cassaire posa donc son fusil au coin de la cheminée, dans laquelle Simon Bartalay jeta une brassée de bois mort, et il dit en montrant le colporteur :

— J'ai rencontré ce brave homme à la descente de Venelle. Il s'en va à Manosque, et c'est la première fois qu'il fait le chemin. Je lui ai dit qu'il n'arriverait pas à Mirabeau ce soir et qu'il ferait tout aussi bien d'attendre ici, comme moi, que la voiture des Alpes vînt à passer.

Simon regarda une horloge à cage de noyer placée dans un coin.

— Vous en avez pour trois heures, dit-il. La descendante arrivera vers minuit, si elle n'a pas de retard. Veux-tu boire un coup, *cassaire*?

— Je ne dis pas non, répondit le paysan.

Le colporteur tira une pièce de dix sous de sa poche; mais Simon lui dit :

— Gardez votre argent, mon brave homme. Je ne vends pas de vin; d'abord il n'est pas assez cher cette année : deux sous le litre, et c'est du bon encore. Nous ne savions pas où le mettre.

Et, sur ces mots, Simon descendit dans un

petit caveau attenant à la première pièce de sa maison et en revint bientôt après avec une cruche de grés pleine de vin.

Puis il posa trois verres sur la table et continua, s'adressant au cassaïre :

— Tu vas à l'affût des bécasses dans le Lubéron, hein?

— Oui, mais je ne sais pas si elles sont arrivées. As-tu déjà vu passer des chasseurs?

— Non, pas de cette semaine. Ah! par exemple, dit Simon, j'ai vu passer des gendarmes.

— Où donc allaient-ils?

— Je ne sais pas; mais il y aurait du *bousin* ces jours-ci que ça ne m'étonnerait pas.

— Bah! dit le *cassaïre*, les parpaillots ont tout ce qu'ils veulent. Ils vont au prêche en plein jour; qu'est-ce qu'ils pourraient demander de plus?

— Est-ce qu'on sait? Mais c'est mon idée que nous verrons les pénitents noirs au premier jour.

Le cassaïre haussa les épaules.

— C'est du temps passé, ça, dit-il, il n'y a plus de pénitents noirs.

— Tu crois?

— D'abord le grand Vénasque est mort.

A ce nom Simon tressaillit.

— Tu crois donc, toi aussi, dit-il, 'que le chevalier de Vénasque, l'oncle de M. Henri, en était?

— On l'a toujours dit.

— On a dit tant de choses!

— Tu sais pourtant bien qu'il a passé en jugement!

— Oui, mais il a été acquitté.

— Ce n'est pas la faute du *conseiller*, toujours.

— Tais-toi donc, *cassaïre*, dit Simon brusquement, il y a des noms qui portent malheur.

— Excusez-moi, dit le colporteur, qui jusque-là n'avait pas soufflé mot, mais je suis étranger, et ce que vous racontez là m'intrigue un peu tout de même.

— C'est des histoires du temps passé, dit brusquement Simon, qui paraissait peu disposé à donner des explications.

— Bah! fit le cassaïre, autant parler de ça que d'autre chose pour tuer le temps.

Et sans prendre garde au froncement de sourcils de Simon Bartalay, il se tourna vers le colporteur, qui en était à son troisième verre de vin.

— Tous les douze ou quinze ans, voyez-vous, nous entendons parler des pénitents noirs. Il y en a qui disent qu'ils ne se mêlent que de politique, mais il y en a aussi qui prétendent que toute besogne leur est bonne, à preuve qu'en 1815 ils ont non-seulement incendié et tué, mais encore volé.

Le colporteur ne put réprimer un léger frisson.

— La dernière bande était joliment organisée, allez !

— Vraiment ! fit le colporteur.

— Et elle a fait plus de mal aux gendarmes qui la poursuivaient dans les gorges du Lubéron, que les gendarmes ne lui en ont fait.

— On en a tué quelques-uns, on en a arrêté d'autres, mais on ne les a pas tous eus.

— C'étaient des gens de par ici? demanda le colporteur.

— Pas tous. Il y en a qu'on n'a jamais reconnus.

— Et leur chef?

— Jamais on n'a su qui c'était, dit Simon.

— Mais on a toujours soupçonné le grand Vénasque, répliqua le *cassaire*.

— Qu'est-ce que le grand Vénasque? demanda encore le colporteur, qui paraissait prendre goût à ce récit.

— C'était l'oncle de M. le baron Henri.

— Ah!

— C'est une vieille famille du pays, qui était aimée et estimée partout...

— Et qui l'est encore, dit Simon.

— Je ne dis pas non. Mais on a toujours prétendu que c'était M. le chevalier de Vénasque, qu'on appelait le grand Vénasque, parce qu'il avait près de six pieds, qui était le capitaine des pénitents noirs.

— Ce qui n'a jamais été prouvé, dit Simon.

— Il est vrai que la justice y a perdu son latin.

— Là où il n'y a rien, le roi perd ses droits, observa sentencieusement le passeur.

Le cassaïre haussa les épaules.

— Ça n'empêche pas que M. de Sainte-Marie a été assassiné dans son château, à cette époque-là, à preuve qu'on a dit que c'était le grand Vénasque...

— Cassaïre, interrompit durement Simon, tu es pourtant un homme de bon sens. Je ne comprends pas que tu croies toutes ces sornettes-là.

— Enfin, le grand Vénasque a-t-il passé en jugement, oui ou non ?

— Oui ; mais il a été acquitté.

— Faute de preuves...

— Il a été acquitté parce qu'il était innocent.

— C'est égal, murmura le cassaïre, que ce soit lui ou non qui ait fait le coup, les Sainte-Marie et les Vénasque ne sont pas près de faire la paix.

— Ils ne la feront jamais, dit Simon, c'est entre eux une haine de famille.

Le colporteur continuait à ouvrir de grands yeux.

— Camarade, reprit Simon, puisqu'on vous en a déjà trop dit, autant vaut que vous sachiez tout. Je vais vous raconter ce qui s'est passé dans ce temps-là, parce que, voyez-vous, de la maison où je suis né au village de Cadarache, on voit à mi-côte le château de M. Henri, et j'ai toujours entendu dire que la famille de Vénasque était une famille de braves gens charitables aux pauvres et justes envers tout le monde. Et je ne veux pas que vous puissiez croire des méchancetés que les *parpaillots* ont fait courir sur eux.

— Va toujours, ricana le cassaïre.

— Je vous écoute, camarade, dit le colporteur avec avidité.

III

Simon s'exprima ainsi :

Il y a des centaines d'années que la famille de Vénasque est par ici, bien que ce ne soit pas son pays d'origine. Ils étaient seigneurs de Vénasque, en Comtat-Venaissin, au pied du Ventoux; mais, un cadet de cette maison ayant eu en héritage le château de Belleroche, il y vint habiter, et ses descendants ne l'ont plus quitté.

Le château de Belleroche est sur un rocher pointu, de ce côté-ci de la rivière, entre Cadarache et Saint-Paul-lez-Durance.

Quand on y est, de quelque côté qu'on se tourne, on voit six lieues de pays.

Juste en face, de l'autre côté de la Durance, il y a un autre château qu'on appelle Montbrun.

Il est à M. de Sainte-Marie.

Les Sainte-Marie s'appellent Montbrun,

comme leur château, de leur vrai nom. C'est des gens du Dauphiné qui sont venus au temps des premières guerres de la religion, il y a plus de deux cents ans.

Ils se sont faits catholiques depuis, mais ils étaient parpaillots dans ce temps-là, et c'est de cette époque qu'ils sont brouillés avec les Vénasque.

De père en fils, d'oncle à neveu et de siècle en siècle, les Montbrun et les Vénasque se sont toujours détestés. Avant la Révolution, les grands-pères étaient gardes du corps tous deux. Ils se battirent en duel, et M. de Vénasque fut tué.

Le Montbrun passa à la République ; un frère de défunt M. de Vénasque, qui avait émigré, le rencontra à son retour et lui reprocha la mort de son frère et son changement d'opinions.

Ils se battirent, et ce fut encore un Vénasque qui fut tué.

C'était le grand-oncle de M. Henri.

— Oui, interrompit le cassaïre ; mais le vieux Montbrun de Sainte-Marie fut assassiné par les pénitents noirs en 1815. Et c'est même toutes ces histoires qui firent songer au grand Vénasque.

— Ce n'était pas lui, dit Simon avec énergie. Les Vénasque ne sont pas des assassins.

Puis Simon continua :

— Jamais on n'aurait même accusé M. le chevalier de Vénasque sans le *conseiller*.

— Qu'est-ce encore que celui-là? demanda le colporteur.

— Ah! dit Simon, en voilà un dont le cassaïre ne dira pas de bien.

— Ni bien ni mal, dit le cassaïre avec indifférence. Il n'est pas aimé, c'est vrai, mais il n'a jamais fait de mal qu'aux voleurs et aux assassins.

Simon reprit :

— Quand vous serez de l'autre côté de la Durance, un peu après avoir passé Mirabeau, s'il fait jour, vous verrez une maison située à mi-côte, avec une manière de parc planté de vieux arbres qui descend jusqu'à la route.

C'est la *Poulardière*.

— Eh bien ?

— C'est là que reste l'été, ou plutôt depuis le mois d'avril jusqu'après Noël, M. Féraud.

On l'appelle Féraud de la Poulardière, mais il y en a qui disent qu'il n'a jamais été noble et que c'est un nom qu'il a pris comme ça.

— Pour ça, ce n'est pas vrai, dit le cassaïre, à preuve que l'Empereur l'a nommé baron du temps qu'il était procureur impérial.

— Je ne dis pas non, fit Simon; maintenant il est conseiller, ça fait qu'il a deux titres pour un.

— Camarade, dit le cassaïre, n'écoutez pas tout ce que va vous dire Simon; il n'est pas juste pour M. Féraud.

— Va toujours, ricana le passeur.

— Dans ce pays-ci, continua le cassaïre, on n'est pas juste pour les gens de robe noire ou de robe rouge. M. Féraud, depuis qu'il est bourgeois, ne ferait pas de mal à un poulet.

— Mais enfin il en a fait..., dit Simon.

— Non, reprit le cassaïre; nous sommes dans un pays de brigands, voyez-vous? Tantôt c'est les protestants, tantôt c'est les catholiques; mais ils prennent feu comme la poudre, et voilà les coups de couteau et les coups de fusil qui vont leur train.

M. Feraud était procureur impérial à Aix, voici vingt ans; tous les jours, il se commettait des crimes, des assassinats, des incendies. Quand il fut mis en fonctions, ah! dame, il a eu bien vite éteint tout cela, et il n'y est pas allé de main morte. En deux ans il a mis plus de trente coupables sous la main de la justice. C'est lui qui a fait l'instruction de la bande de Saint-Paterne et de celle des pénitents noirs.

Ça n'a pas empêché M. Féraud de venir habiter la Poulardière depuis qu'il a eu sa retraite, et d'y vivre tranquillement, comme un homme qui ne doit rien à personne.

— Oui, dit Simon Bartalay, mais vienne du train, il pourra passer un mauvais quart d'heure.

— Bah! répondit le cassaïre, ce sera comme il y a deux ans.

— Que lui est-il donc arrivé? demanda le colporteur.

— Il y a à la Tour-d'Aigues, poursuivit le cassaïre, un homme qu'on appelle le cadet Pontet.

C'est le fils d'un misérable qui avait assassiné un percepteur et qui fut guillotiné.

Le cadet Pontet est un mauvais sujet qui fait trembler tout le monde.

Il avait toujours dit que l'homme qui avait eu la tête de son père ne mourrait que de sa main.

Quand il apprit que la révolution était à Paris, il recruta une bande de vauriens comme lui, et il leur dit :

— Nous allons massacrer le vieux Féraud !

Ils partirent.

Quand on le vit arriver, les domestiques, les fermiers de la Poulardière prirent peur ; ils voulurent fermer les portes et s'armèrent de fusils.

Mais M. Féraud voulut qu'on laissât les portes ouvertes et défendit qu'on brûlât une amorce.

Ces forcenés envahirent le château ; ils pénétrèrent dans le cabinet du vieux juge et le trouvèrent tranquillement assis dans son fauteuil.

— Que voulez-vous ? demanda-t-il aux assassins.

— Je veux ta vie en échange de celle de mon père ! vociféra le cadet Pontet.

— Ce n'est pas moi qui ai tué ton père, répondit M. Féraud avec calme, c'est la loi.

Les assassins reculèrent.

Ils étaient venus pour assassiner le vieillard, ils s'en allèrent en lui baisant les mains.

Et le cassaïre, se tournant alors vers Simon, lui dit :

— Est-ce vrai, cela ?

— C'est vrai, dit Simon en baissant la tête; mais tout le monde ne ferait peut-être pas ce qu'a fait le cadet Pontet.

Et Simon devint farouche, comme un homme qui n'a pas pu faire triompher son opinion et lui reste d'autant plus fidèle.

— Enfin, reprit le cassaïre, tout ça, mon garçon, c'est des bêtises, les mauvais jours sont passés et il faut espérer qu'ils ne reviendront plus.

— Qui sait? murmura Simon.

— Bah ! bah ! ce qui est passé est passé, n'est-ce pas, camarade?

— C'est bien mon avis, dit le colporteur.

— Pourquoi donc, continua le cassaïre, les protestants se plaindraient-ils maintenant?

Simon ne répondit pas.

— Sans compter que les mœurs se sont adoucies et que les gens de ce côté-ci de la Durance, qui sont catholiques, ne sont plus fanatiques de religion comme autrefois. Enfin...

Et le cassaïre s'interrompit pour cligner de l'œil.

— Enfin, quoi? dit Simon avec brusquerie.

— Notre pays est fait comme tous les autres; les filles y sont plus jolies qu'ailleurs, et...

Le cassaïre eut un nouveau clignement d'yeux.

— Les femmes n'ont rien à voir là-dedans, observa le passeur en haussant les épaules.

— Tu te trompes, camarade.

— Plaît-il?

— Les femmes peuvent souvent raccommoder bien des choses.

— Ah!

— Et réconcilier des gens qui sont brouillés depuis des centaines d'années.

— Cassaïre, mon ami, s'écria Simon en frappant de son poing fermé sur la table, tu serais un peu fou que tu ne m'étonnerais pas.

— Je ne suis pas fou, et je sais ce que je sais.

— Et qu'est-ce que tu sais donc?

— Le vieux Montbrun de Sainte-Marie, celui qui a été assassiné, a laissé deux fils?

— Oui.

— Il y en a un qui est marié?

— Pardine!

— Et qui a une jolie fille, Mlle Marthe.

— Je ne la connais pas, je ne l'ai jamais vue, dit Simon.

— Mais je le connais, moi.

— Ah !

— Et M. Henri de Vénasque aussi.

Simon tressaillit.

— Et même il en est amoureux.

Le passeur donna sur la table un nouveau coup de poing.

— Ah ! fit-il, je joue ma tête contre un verre de vin que ce n'est pas vrai.

— Ne joue pas, dit froidement le cassaïre ; je n'ai plus soif, et tu perdrais ta tête.

Ce sang-froid exaspéra Simon Bartalay.

— Si je savais cela, je renierais M. Henri.

— Ce qui lui serait bien égal, je le crois.

— Et puis, dit encore Simon Bartalay, il pourrait bien être amoureux, et même être payé de retour ; ça n'avancerait pas les choses.

— Ah ! tu crois ?

— Le père de la demoiselle n'est pas entêté dans sa haine ; mais l'oncle, c'est différent.

— Elle n'a pas besoin du consentement de son oncle.

— C'est possible, mais l'oncle est l'aîné ;

c'est lui qui a l'argent, vu qu'il a eu le tiers
en sus, et même qu'il ne se marie pas pour que
sa nièce soit riche.

— Eh bien ?

— Eh bien ! il tuerait sa nièce plutôt que de
la voir s'appeler Mme de Vénasque.

Le cassaïre se mit à rire.

Mais comme Simon allait sans doute corroborer son opinion de quelque argument énergique, un bruit traversa l'espace.

On entendait, dominant le bruit sourd de la
Durance grossie par les dernières pluies, le son
du cornet à pistons qu'emporte toujours avec
lui tout conducteur de diligence qui se respecte.
Le courrier des Alpes, le *descendant*, était sur la
rive droite et demandait à passer.

— Hé ! les amis, dit Simon, si vous n'avez
pas peur de la pluie, voilà le moment.

Et il ouvrit la porte de sa maison, qui faisait
face à la rivière.

De l'autre côté, le fanal de la voiture projetait
sa lueur rougeâtre sur les oseraies de la rive
et perçait la sombre obscurité de la nuit.

IV

Le cassaïre reprit son fusil, le colporteur passa ses deux bras dans les courroies de sa *balle*, s'arma de son long bâton ferré, et tous deux suivirent Simon qui avait allumé sa lanterne, car le bateau ne traversait jamais la Durance sans fanal.

Nous l'avons dit déjà, en cet endroit, la rivière est resserrée, ses eaux sont profondes et ses rives escarpées.

On a même été obligé de tailler dans le rocher un bout de la route, afin que les voitures puissent arriver de plain-pied avec le bateau.

Le bateau est un large chaland qui peut contenir au besoin deux voitures tout attelées et une trentaine de personnes.

Il faut avoir vu le mécanisme aussi simple qu'ingénieux des deux poulies, pour comprendre qu'un seul homme peut le manœuvrer avec tout son chargement.

Deux énormes câbles, fixés à des madriers sur chaque rive, servent pour ainsi dire de rail aérien. Un tour, assez semblable au cabestan d'un navire, fait mouvoir une troisième corde armée de deux poulies courant sur les câbles.

Le passeur vire au cabestan, et le bateau marche sans jamais dévier de sa route, quelque rapidité qu'ait le courant.

Simon plaça la lanterne à la proue du chaland.

Le cassaïre et le colporteur embarquèrent, et le cabestan se mit à tourner aussitôt.

— Tu n'auras pas beau temps pour chasser, dit Simon au cassaïre.

On eût dit qu'il voulait éviter de parler désormais de M. Henri, du conseiller Féraud et des pénitents noirs.

Le cassaïre regarda le ciel, dans lequel le vent chassait des nuages noirs et tourmentés.

— Ça n'est rien, dit-il, c'est un grain, comme disent les marins.

— Tu crois?

— Au petit jour il cessera de pleuvoir, et à dix heures du matin il fera soleil.

— Quel est le premier village que je vais trouver sur la route? demanda le colporteur.

— Mirabeau.

— S'il pleut trop fort, je m'y arrêterai.

— Et vous ferez bien, camarade; il y a une bonne auberge à Mirabeau, et pas chère. Et puis le village est encore grand, vous pourrez y vendre du fil, des aiguilles et de la toile.

— Merci bien.

Il fallait environ dix minutes pour que le chaland arrivât d'une rive à l'autre.

Le cassaïre essaya bien de remettre la conversation sur la vieille haine des Vénasque et des Montbrun de Sainte-Marie, mais Simon ne s'y prêta nullement.

Enfin le chaland toucha la rive droite.

Simon murmurait :

— Je ne suis qu'un pauvre diable, mais je donnerais bien la moitié de ce que je possède pour que M. Henri fût dans la voiture.

— Mais allons donc ! dépêchons-nous donc ! criait le conducteur, tandis que le postillon de la diligence faisait claquer son fouet pour passer le temps.

Simon amarra solidement le bateau et lâcha les deux chaînettes qui retenaient l'avant, lequel s'aplatit aussitôt et forma un pont en pente douce.

Le cassaïre et le colporteur sautèrent lestement à terre, après avoir serré la main du passeur.

Chacun d'eux passa d'un côté de la voiture et jeta un regard curieux à l'intérieur.

Le coupé était vide ; il n'y avait que trois personnes à l'intérieur: un homme et deux femmes.

— Hé ! conducteur, dit le cassaïre, on voit que le temps est mauvais, les voyageurs ne sont pas foulés, hein ?

— Vous n'auriez pas dit ça il y a une heure, camarade, répondit le conducteur, qui était un jeune homme de vingt-sept ou vingt-huit ans, blond, coloré, et parlant l'idiome de c tte partie de la haute Provence qui touche au Dauphiné, tandis que ses interlocuteurs parlaient un provençal beaucoup plus pur.

Le conducteur n'était connu sur la route que sous la dénomination du *Gavot*.

Le Gavot est un montagnard.

Le Marseillais et l'Aixois, qui ont des prétentions à l'atticisme, ont ainsi appelé le Haut-Provençal et le Dauphinois.

Qu'on nous pardonne ces détails, oiseux en apparence, mais le Gavot doit jouer un rôle important dans la suite de cette histoire.

— Tu as donc laissé des voyageurs à Mirabeau, Gavot? demanda Simon.

— Non, plus loin.

— Où cela, à Peyruis?

— Non, en plein chemin, entre Mirabeau et l'auberge du Pigeon-Noir.

Le Gavot baissa la voix et ajouta :

— Je ne suis même pas fâché d'en être débarrassé. Tenez, Giget est comme moi.

Giget, c'est-à-dire Joseph, était le postillon; celui qui conduisait ventre à terre dans les descentes ses trois chevaux en arbalète.

Giget répondit :

— J'ai été soldat; je n'ai peur de rien; mais je ne suis pas fâché non plus que ces gens-là nous aient laissés.

— Ah ça ! dit le cassaïre, vous avez tous les deux la mine de gens qui ont eu une fameuse peur.

— Pourtant, Gavot n'a pas froid aux yeux plus que moi; mais il y a des moments où deux hommes ne peuvent pas grand'chose.

— Voyons, fit Simon, qui ne paraissait plus pressé d'embarquer la diligence et de la transporter sur l'autre rive, vous vous expliqueriez, mes enfants, que cela ne ferait pas de mal.

— Eh bien, reprit le Gavot, voici la chose : Comme nous sortions de Peyruis, nous avons vu quelque chose de noir qui barrait la route ; en même temps on nous a crié halte!

Il y avait sur la route six hommes armés de fusils. L'un d'eux nous a dit :

— Avez-vous de la place là-haut ? Si vous n'en avez pas, il faut nous en faire.

La voiture était comme maintenant ; il n'y avait que trois voyageurs.

Giget m'a dit : C'est sûr qu'ils croient que nous transportons de l'argent. Heureusement nous n'avons rien aujourd'hui.

— Les six hommes avaient des bagages, des porte-manteaux et deux caisses qu'ils avaient apportés sur la route.

Giget et moi, nous n'étions pas rassurés, mais nous n'avons rien dit.

Ils sont montés trois dans le coupé, trois sur la banquette, et ils vous avaient des mines à faire trembler.

— Vous allez à Aix ? leur ai-je demandé.

— Tu verras bien où nous allons, nous a répondu l'un d'eux.

A chaque instant, Giget et moi, nous nous

attendions à les voir nous donner l'ordre d'arrêter.

— Ils attendent que nous soyons dans les rochers de Mirabeau; là, ils nous pilleront, nous disions-nous.

Quand nous avons passé devant l'auberge du Pigeon-Noir, qui est toute seule sur la route, comme vous savez, il y en a un qui a donné un coup de sifflet, en même temps qu'il faisait signe à Giget d'arrêter. Les gens de l'auberge n'étaient pas tous couchés, car il y en a un qui est sorti sur le pas de la porte, au coup de sifflet.

— Avez-vous un voyageur? a demandé l'un des six hommes.

— Nous en avons deux.

— Un vieux et un jeune?

— Oui.

— Qui parlent italien?

— Oui.

— C'est bien, vous leur direz que *leurs cousins* sont arrivés.

L'aubergiste a refermé sa porte, et nous avons continué notre chemin.

Une demi-lieue plus loin ils nous ont ordonné d'arrêter. Gigct et moi nous avons échangé un regard.

— C'est pour cette fois, pensions-nous.

Ils sont descendus, nous ont fait décharger leurs bagages au milieu de la route, et il y en a un qui m'a donné vingt francs.

J'ai voulu lui rendre sa monnaie.

— Le reste est pour boire, m'a-t-il dit.

— Et vous les avez laissés sur la route? demanda Simon.

— Oui.

— C'est drôle tout de même.

— Bah! dit le cassaïre avec flegme, c'est des jeunes gens de Manosque qui vont à la chasse. Allons, les amis, assez causé! Voici que ça ne tombe plus.

Et le cassaïre donna une poignée de main à Simon et au Gavot.

Puis il dit au colporteur :

— Si vous allez à Mirabeau, compagnon, suivez la route tout droit, elle passe au beau milieu.

Tandis que la diligence entrait dans le bateau, que le colporteur s'engageait sur la route, le cassaïre prit un petit sentier qui partait du bord de l'eau et montait sur la gauche, à travers les vignes.

Le colporteur fit une dizaine de pas sur la route, puis il s'arrêta et suivit du regard le chaland qui glissait entre deux câbles sur la rivière, décrivant avec son fanal un cercle de lumière autour de lui.

Ce ne fut que lorsque l'embarcation eut touché la rive opposée que cet homme se remit en rivière.

La nuit était toujours sombre; les lueurs indécises qui annoncent le matin ne glissaient pas encore dans le ciel; la pluie ne tombait plus, mais le vent soufflait avec violence, courbant avec des craquements lugubres les arbres qui bordaient la route.

Le colporteur marchait d'un pas alerte.

Il arriva à Mirabeau, qui n'a guère qu'une rue, c'est-à-dire celle que traverse la grande route.

Pas une lumière aux fenêtres, pas un bruit, tout dormait.

Le colporteur ne s'arrêta point et continua son chemin.

Une heure après, il marchait encore, et dans le lointain, comme les premières clartés de l'aube frangeaient l'horizon, il se trouva à ce même endroit complétement désert où le conducteur du courrier des Alpes avait descendu les mystérieux voyageurs.

Alors cet homme qui paraissait connaître le pays, quoiqu'il eût dit le contraire à Simon le passeur et au cassaïre, mit deux doigts sur sa bouche et fit, à son tour, entendre un coup de sifflet.

V

Maintenant, faisons un pas en arrière et reportons-nous, pour l'intelligence des événements, à quelques jours avant celui où Simon Bartalay, le passeur, avait aperçu Henri de Vénasque sur l'impériale du courrier des Alpes.

Le baron Henri de Vénasque menait depuis quelque temps une vie assez mystérieuse et dont sa tante, la vieille demoiselle qui lui avait servi de mère, ne pouvait trouver l'explication.

Sa mère était morte en le mettant au monde, il n'avait pas douze ans quand son père se tua à la chasse en sautant une haie, et c'était sa tante et son oncle, Mlle Ursule de Vénasque, et ce diable d'homme qu'on appelait le grand Vénasque et qu'on avait accusé d'être le chef des pénitents noirs, qui s'étaient chargés de son éducation.

Mlle Ursule était une vieille fille qui n'avait jamais voulu se marier pour ne pas diminuer l'aisance de la maison.

Comme la plupart des familles nobles du Midi, les Vénasque n'étaient pas riches: douze ou quinze mille livres de rente peut-être, un vieux château un peu délabré, de vieux meubles, de vieux serviteurs, et la considération universelle.

A part cette vieille haine qu'ils nourrissaient pour leurs voisins de l'autre côté de la Durance, les Montbrun de Sainte-Marie, c'étaient de fort braves gens ayant conservé les traditions d'honneur et de chevalerie du passé, mais étant pour tout le reste des gens de leur époque.

Cette vieille haine, du reste, s'était singulièrement attiédie.

Le grand Vénasque, dont, à l'époque où commence notre récit, Henri portait encore le deuil, en avait été le dernier représentant ardent et vivace.

Mlle Ursule était une sainte fille toute en Dieu, qui disait que l'Evangile ordonne le pardon des injures.

Enfin, le baron Henri de Vénasque, alors âgé de vingt-huit ans, avait peut-être plus écouté les sermons de sa tante sur la charité chrétienne que les tirades de son oncle, le grand Vénasque, sur les haines héréditaires.

Le Midi est le pays de France où il y a le moins de gibier et le plus de chasseurs.

Tout petit propriétaire qui se respecte a une paire de chiens courants et un chien d'arrêt, tue plus de grives que de perdreaux et remplace le lièvre absent par quelques lapins malingres qui vivent dans les îles sablonneuses de la Durance.

M. Henri était chasseur. Il montait bien à cheval, et, dans tous les villages voisins, on avait coutume de le voir passer, son fusil dans un talon à l'arçon de sa selle, suivi de deux grands chiens orangés dont les ancêtres couraient le cerf, et qui eux, pauvres bêtes, pourchassaient le lapin, faute de mieux. Depuis la mort de son oncle, il était tout seul, à Belleroche, avec sa tante.

En ouvrant sa fenêtre le matin, il voyait la Durance à ses pieds, et par delà la rivière à mi-côte, le château de Montbrun, ce manoir ennemi dont Simon le passeur avait parlé.

Enfant, Henri montrait le poing à ces vieilles tourelles; devenu homme, il leur jetait un regard de haine; après la mort de son oncle, il avait fini par les regarder avec indifférence.

Quel avait été le mobile de ce revirement subit?

Nul ne le savait.

Mais quand les eaux de la Durance étaient basses, le jeune homme montait à cheval, et, au lieu d'aller chercher le bac de Mirabeau, il traversait la rivière.

Le cheval avait de l'eau jusqu'au poitrail en de certains endroits.

Quelquefois il perdait pied, et alors il nageait.

Henri allait alors se promener sur la rive droite, et souvent il passait sous les murs mêmes du parc des Montbrun.

Pourquoi?

Mystère encore.

Depuis un an surtout, le jeune baron renouvelait ses singulières promenades plusieurs fois par semaine.

Quand les pluies d'automne étaient venues grossir la rivière et rendre impossible tout passage à gué, Henri était allé prendre le bac à Mirabeau.

Mais pas plus que la vieille douairière Ursule de Vénasque, Simon le passeur n'avait soupçonné que M. Henri s'en allait avec un autre but que celui de la chasse ou de la promenade de l'autre côté de la Durance.

Seulement il avait remarqué, et cette remarque ne l'avait nullement étonné, que le cavalier, une fois sur l'autre rive, se détournait de la route et prenait un sentier qui courait à travers les vignes, pour ne point passer devant la grille de la Poulardière.

La Poulardière, on le sait, était la propriété de M. le conseiller Féraud, l'homme qui avait fait arrêter le grand Vénasque, et de qui il n'avait pas dépendu que le vieux gentilhomme ne portât sa tête sur l'échafaud, comme le chef reconnu des pénitents noirs.

Chose bizarre !

La haine traditionnelle des Vénasque pour les Montbrun s'était singulièrement affaiblie dans le cœur du baron Henri.

Il haussait même un peu les épaules au souvenir des recommandations vengeresses que lui avait faites le grand Vénasque à son lit de mort.

Mais il éprouvait pour le conseiller Féraud une répulsion invincible, et il était peut-être logique en cela.

Les Montbrun de Sainte-Marie avaient, à plusieurs reprises, versé le sang des Vénasque, mais loyalement, l'épée à la main.

Le conseiller Féraud, au contraire, avait traîné un Vénasque devant les tribunaux; il avait fait tous ses efforts pour déshonorer cette race et livrer une tête à l'échafaud.

Henri de Vénasque le savait bien, et il en exécrait, non-seulement le conseiller, mais encore son neveu, dont nous allons dire quelques mots.

Le conseiller Féraud de la Poulardière appartenait à une de ces vieilles familles de la bourgeoisie que les fonctions consulaires et les emplois dans la magistrature ont peu à peu poussées dans la caste nobiliaire.

L'Empereur avait régularisé sa noblesse quelque peu contestée en le créant baron à majorat.

M. Féraud ne s'était jamais marié; mais il avait une sœur qui avait épousé un Aixois, M. de Saint-Sauveur, et de cette union était né un fils à qui M. Féraud laisserait un jour sa fortune, qu'on disait presque colossale.

On lui attribuait plus de cent mille livres de rente, ce qui est presque légendaire, sinon fabuleux, dans ce pays de soleil et d'azur que le roi Louis XI appelait volontiers la *gueuse parfumée*.

M. de Saint-Sauveur était de l'âge du baron Henri de Vénasque.

Comme lui, il était reçu à Aix, dans la noblesse, et forcément ils se rencontraient dans le monde, après avoir été assis sur les bancs du même collége.

A vingt-cinq ans, M. de Saint-Sauveur avait été nommé substitut à Brignolles.

Trois ans après, il revenait à Aix comme juge d'instruction, et le hasard voulut qu'il devînt amoureux d'une de ses cousines, fille unique, Mlle de Pontmoreau, laquelle avait failli épouser M. de Vénasque.

Toute la noblesse provençale, si pauvre qu'elle puisse être, a un hôtel à Aix, cet hôtel ne fût-il qu'une masure.

Les Vénasque vivaient à la campagne presque toute l'année, par économie ; cependant ils avaient à Aix pignon sur rue, ou, pour parler le langage moderne, une maison.

Cette maison était située place d'Albertas ; et, chose non moins bizarre, elle était mitoyenne avec l'hôtel Pontmoreau, dont, par son mariage, M. Lucien de Saint-Sauveur se trouvait propriétaire.

Ce voisinage avait mis le comble à l'antipathie du baron pour le jeune magistrat, antipathie qui prenait sa source première dans les rigueurs exercées par le conseiller Féraud contre son oncle le grand Vénasque, et que le mariage de M. de Saint-Sauveur avait augmentée.

Or, Simon Bartalay, le passeur du bac de Mirabeau, très au courant, comme on l'a vu, de l'histoire de cette famille, avait bien remarqué que le baron Henri évitait de passer devant la Poulardière ; mais il ne soupçonnait pas quel aimant mystérieux attirait le jeune homme plusieurs fois par semaine sur la rive droite de la Durance.

Trois jours avant celui où M. de Vénasque devait passer en diligence au bac de Mirabeau, Simon avait vu encore le jeune homme à cheval.

C'était un jour de pluie, et Henri avait sur les épaules un de ces larges manteaux à la gendarme qui couvrent non-seulement le cavalier, mais encore le cheval.

— Faut que vous ayez le diable au corps, avait dit le passeur, pour vous promener à cheval d'un pareil temps.

— Je vais à Peyruis dîner chez des amis, avait répondu Henri de Vénasque.

— Alors, vous reviendrez tard?

— Peut-être demain seulement. Mais si je reviens cette nuit, sois tranquille, je m'arrangerai pour arriver avec la diligence des Alpes, et tu ne feras pas deux voyages, avait répondu le jeune homme.

Sur le bateau, Henri avait resserré les sangles de sa selle qui étaient un peu lâches, et un mouvement d'épaule qu'il avait fait en se baissant avait soulevé la housse et mis un moment à découvert les fontes.

Simon avait vu luire la crosse des pistolets.

Cela n'avait rien d'extraordinaire, du reste ; en 1832, on voyageait encore beaucoup à cheval, dans le Midi, et toujours armé.

Et puis, la rive opposée était le pays des Montbrun, et il était assez naturel que M. Henri se tînt sur ses gardes.

Il était revenu la nuit suivante, en même temps que le courrier des Alpes.

Simon avait encore remarqué qu'il était pâle et paraissait fort triste.

Mais il n'avait osé le questionner et s'était borné à faire cette réflexion mentale :

— Il paraît que M. Henri n'a pas le vin gai.

Parvenu sur la rive gauche, Henri de Vénasque était remonté à cheval et il avait lancé sa monture à fond de train sur la route de Belleroche.

Puis huit jours s'étaient écoulés sans que le passeur Simon le revît.

D'où revenait-il donc ?

VI

Pour savoir d'où revenait Henri de Vénasque, il est nécessaire de nous introduire au château de Montbrun et de faire connaissance avec ses hôtes, c'est-à-dire avec la famille de Sainte-Marie.

Dans les quelques mots échangés entre le cassaïre et Simon le passeur, les habitants de Montbrun avaient été assez bien dépeints.

Deux hommes d'un âge déjà mûr et une jeune fille habitaient le vieux manoir.

M. Jean de Montbrun, l'aîné, celui qui était resté garçon, était un homme de cinquante ans.

Grand, maigre, le nez busqué, le teint olivâtre, le corps un peu voûté, il portait toute sa barbe, qui était devenue toute blanche.

Il avait été militaire pendant quelques années, c'est-à-dire de 1814, époque où déjà vieux il était entré dans la maison du roi, jusqu'en 1825, où, au retour de la guerre d'Espagne, il avait donné sa démission.

Chasseur, agriculteur d'humeur légèrement

taciturne, M. Jean de Montbrun n'avait au cœur qu'une haine comme il n'avait qu'un amour.

Sa haine, c'était le nom de Vénasque.

Il n'ouvrait jamais sa fenêtre, le matin, sans adresser une bordée d'injures au manoir de Belleroche qu'il apercevait dans le lointain, au midi, de l'autre côté de la Durance.

Son amour, c'était Mlle Marthe de Montbrun, sa nièce.

Marthe était une fille de vingt ans, qui ne ressemblait guère, du reste, à une héroïne de roman vulgaire.

D'abord elle n'était pas blonde et n'avait pas les yeux bleus; ses lèvres rouges étaient veuves de tout sourire mélancolique, et elle n'avait pas cette taille frêle et ces attitudes penchées qu'un romancier qui se respecte donne à ses créations.

Marthe était une belle fille de chair et d'os, avec des cheveux noirs, de grands yeux noirs, à qui le double effet du soleil et du sang méridional avait fait cette carnation dorée que les femmes du Nord ignoreront toujours.

Elle n'était ni grande ni petite, était rondelette en sa jolie taille, avait un petit pied, de petites mains, un sourire charmant et point rêveur du tout, et ne se gênait point pour dire à son père et à son oncle qu'elle n'entendait pas vivre éternellement dans un vieux château où le vent pleurait sous les portes, en compagnie de toute une collection de portraits de famille.

Depuis quelques années qu'elle était sortie du couvent où on l'avait mise à la mort de sa mère, son père la menait passer à Aix deux mois d'hiver.

Elle allait bien au bal quatre fois par an. Ce n'était pas assez.

Marthe s'ennuyait prodigieusement, et soupirait chaque fois que son père et son oncle parlaient de la marier.

Elle avait ainsi doublé le cap de sa vingtième année, et jusque-là aucun mari ne s'était présenté; ou plutôt elle avait fait une moue dédaigneuse à chaque nom du voisinage prononcé devant elle.

Marthe avait reçu l'éducation des filles de bonne maison.

Elle était musicienne, elle peignait, elle montait à cheval.

Sans jouer à la Diane Vernon, elle avait cependant une certaine liberté d'allures qui ne déplaisait pas à son oncle, lequel avait gardé une foule de vieilles idées dans sa cervelle.

En attendant qu'un mari vînt enchaîner sa liberté, Marthe en jouissait le plus largement possible.

Tantôt elle galopait dans les sentiers bordés de grandes haies d'aubépines qui avoisinaient le château.

Tantôt, un pliant sous le bras, elle allait s'asseoir dans quelque site pittoresque qu'elle croquait aux deux crayons.

Depuis l'âge de seize ans Marthe menait cette existence toute de liberté et de grand air, et elle était l'idole des populations voisines.

Protestants ou catholiques, petits bourgeois de village ou laboureurs, avaient pour elle une respectueuse admiration.

Elle était bonne pour les malheureux, du reste, distribuait de nombreuses aumônes, allait voir et soignait les malades.

Et les gens de la rive droite de la Durance agitaient parfois à la veillée cette singulière question :

— Pourquoi donc Mlle Marthe ne se marie-t-elle pas ?

Elle est jolie, elle est riche ; les amoureux devraient tomber dru comme grêle.

On savait que le vieux Jean de Montbrun, son oncle, avait, comme on dit, un vieux bas.

En 1815, les Montbrun avaient eu leur part dans la répartition du milliard des émigrés ; ils avaient touché deux cent mille francs.

La moitié de cette somme avait été employée à racheter les terres vendues par le vieux Montbrun à l'époque de la Révolution ; mais on disait que l'autre moitié, conservée en or dans quelque cachette du château, devait être placée dans la corbeille de mariage de Mlle Marthe.

On avait même dit, un moment, à l'époque où le vieux Montbrun fut assassiné par les pénitents noirs et où la rumeur publique accusa le grand Vénasque de ce crime, que les assassins avaient été guidés par l'espoir de trouver les cent mille francs.

Donc, Marthe était belle, elle était riche, et cependant elle ne se mariait pas.

Son oncle avait cinquante ans, son père quarante-huit.

Ils ne s'étaient jamais quittés et s'étaient habitués peu à peu à voir cette fille rieuse et mutine ramener la jeunesse et la gaieté sous leur toit longtemps morne et désolé.

Longtemps une pensée de naïf égoïsme avait guidé leur conduite.

Alors que Marthe demandait un mari, on lui avait répondu d'abord qu'elle était trop jeune; puis, quand elle eut dix-huit ans, on lui parla de trois ou quatre hobereaux du voisinage qu'elle s'empressa de refuser.

Puis... un beau jour, elle ne manifesta plus aucun désir de se marier.

Enchantés d'abord, les Montbrun finirent par s'inquiéter de ce silence.

Mais Marthe avait conservé son rire malin, sa gaieté un peu folle, et il n'était pas probable qu'elle eût au cœur une de ces mystérieuses blessures qui se révèlent tout à coup par une profonde mélancolie.

Seulement, son père et son oncle auraient pu remarquer,—mais ils ne le remarquèrent pas, — qu'elle avait changé ses heures de promenade.

Elle peignait le matin et montait à cheval vers le soir, un peu avant le coucher du soleil; ensuite, au lieu de diriger ses courses aventureuses vers les montagnes, elle descendait presque toujours vers la Durance et galopait à travers les oseraies qui bordaient la rive escarpée.

Mais les honnêtes gentilshommes n'avaient pris garde à rien de tout cela; et si la pensée que Marthe n'était pas encore mariée, bien qu'elle eût accompli ses vingt ans, causait parfois un pli sur leur front, ils se déridaient bien vite quand elle venait s'asseoir auprès d'eux, toujours vive et pétulante, toujours joyeuse.

Or ce même jour où M. Henri de Vénasque s'était présenté au bac de Mirabeau, disant à Simon Bartalay qu'il s'en allait dîner avec ses amis, Mlle de Montbrun n'était rentrée qu'à l'heure du dîner, c'est-à-dire un peu après la nuit.

— D'où viens-tu donc, mon enfant? lui avait dit son oncle. Nous commencions à être inquiets, ton père et moi, quand nous avons entendu le galop de ton cheval.

— Mon oncle, répondit Marthe en présentant son front à M. de Montbrun, je suis allée voir Suzette, notre ancienne cuisinière, qui est mariée à deux lieues d'ici; elle m'a retenue un peu plus longtemps qu'à l'ordinaire.

Elle donna cette explication avec son enjouement ordinaire.

Cependant un observateur eût remarqué dans sa voix, dans son geste, dans son attitude, une inquiétude vague, une anxiété mystérieuse.

Mais, nous l'avons dit, les braves gentilshommes n'étaient pas précisément des observateurs.

Ce soir-là Marthe se retira de bonne heure dans sa chambre.

Aussitôt qu'elle fut seule, elle tira de son sein un billet qu'elle ouvrit, bien qu'elle l'eût déjà lu plusieurs fois, et dont elle se mit à commenter chaque mot.

Ce billet, elle l'avait pris dans le creux d'un vieux saule qui se trouvait au bord de la rivière.

Il était ainsi conçu :

« Ma bien-aimée, vous qui êtes ma femme devant Dieu, soyez forte, ayez du courage, comme j'essaye d'en avoir moi-même.

« Nous devions nous rencontrer aujourd'hui, comme à l'ordinaire, dans la petite île de Mirabeau. Vous ne me trouverez pas, mais vous trouverez ce billet, que je dépose dans notre boîte aux lettres ordinaire.

« Marthe, mon ange adorée, il va falloir nous séparer, peut-être pour de longs jours, et je veux vous dire adieu; je veux presser votre main et la couvrir de baisers; je veux que vous puissiez m'écouter longuement et me pardonner cette séparation.

« Oserez-vous ce soir, quand tout le monde sera couché, sortir furtivement du château? Descendrez-vous au bout du parc? Vous me trouverez à la petite porte.

« Si vous voulez me voir une dernière fois, Marthe, ma bien-aimée, ce soir en rentrant dans votre chambre, faites-moi notre signal accoutumé. »

Marthe avait des larmes dans les yeux.

Elle prit un flambeau et. le posa sur l'appui de sa fenêtre.

C'était le signal.

Puis elle prit sa tête à deux mains et fondit en larmes, murmurant :

— Mais pourquoi cette séparation? Oh! j'ai peur de deviner!...

VII

Est-il besoin de le dire ? le cassaïre avait eu raison encore en disant que M. Henri de Vénasque et Mlle Marthe de Sainte-Marie s'aimaient.

Comment cela était-il advenu ?

Henri et Marthe, à cheval tous deux, s'étaient rencontrés ; ils s'étaient regardés d'abord avec curiosité, puis une étincelle magnétique avait jailli de l'un à l'autre.

L'histoire de Roméo et Juliette sera jeune éternellement, et il suffira que les pères se détestent pour que s'aiment les jeunes gens.

Leur amour remontait à six mois, et en six mois l'amour fait du chemin, comme on pense. Ils s'étaient écrit d'abord, un tronc de saule creux leur avait servi de boîte aux lettres ; puis ils s'étaient parlé, et un soir ils s'étaient dit : M. le baron de Vénasque aime Mlle de Sainte-Marie qui le lui rend bien, et sans cette haine idiote qui divise les deux familles et dont l'origine se perd dans la nuit des temps, rien ne serait plus simple que de les voir mariés. Il faut donc attendre, être prudents, et compter sur le hasard, qui vient presque toujours en aide aux événements.

Le grand Vénasque était mort. Mlle Ursule, la vieille tante de Henri, était, nous l'avons dit, une sainte fille qui prêchait le pardon des injures, et qui, certes, ne ferait aucune opposition à un rapprochement.

Ce n'était donc pas du côté de M. Henri que les obstacles étaient bien grands.

Le père de Marthe idolâtrait sa fille.

Autant son frère aîné, M. Jean de Montbrun, était un homme irascible, emporté, violent, autant, lui, était bon homme et doux.

Il formait avec son frère un contraste frappant au physique aussi bien qu'au moral.

Jean était grand, sec, avec un visage d'oiseau de proie.

Joseph de Montbrun, son frère, était un petit homme tout rond, un peu obèse, au sourire paterne.

Marthe l'avait surpris souvent haussant légèrement les épaules quand M. Jean parlait de passer la Durance et d'aller mettre le feu au château de Belleroche.

Marthe en avait conclu que si elle n'avait

affaire qu'à son père, son mariage serait chose facile; mais il y avait ce diable d'homme qui avait conservé toutes les idées, toutes les rancunes féodales, et avec lequel il faudrait compter, surtout si on poussait trop les choses.

Chaque année, vers Noël, M. de Sainte-Marie, le père de Marthe, se décidait à passer deux mois à Aix pour que sa fille prît quelques plaisirs.

M. Jean de Montbrun restait au manoir.

Marthe était donc seule alors avec son père, et elle avait compté sur ce tête-à-tête pour amener le vieux gentilhomme à des sentiments moins hostiles envers M. de Vénasque.

Elle avait même dit à Henri :

— Prenons patience jusqu'à l'hiver. Quand mon père et moi nous serons à Aix, vous y viendrez, et comme nous serons seuls avec lui, nous l'apprivoiserons facilement, et il faudra bien qu'il nous marie!

Et les jeunes gens, s'aimant de plus belle, prenaient patience et attendaient l'hiver.

La dernière fois que Marthe et Henri s'étaient rencontrés, c'était la surveille, et ils s'etaient donné rendez-vous pour ce jour-là.

Et Marthe avait été exacte au rendez-vous,

et n'avait trouvé que ce billet énigmatique.

Pourquoi cette séparation? que voulaient dire ces paroles mystérieuses?

Marthe avait lu et relu ce billet, sans en comprendre le sens vrai.

Elle avait posé un flambeau sur l'appui intérieur de la fenêtre, et elle continuait à pleurer, tout en attendant.

On se couchait de bonne heure au château de Montbrun.

A dix heures tout le monde était au lit, tous les feux éteints.

Marthe seule prolongeait quelquefois la veillée jusqu'à minuit, et retirée dans sa chambre, elle lisait ou travaillait.

Vers dix heures donc, tous les bruits s'éteignirent un à un.

Les domestiques montèrent se coucher à l'étage supérieur, et bientôt le silence régna.

Alors Marthe essuya ses beaux yeux, jeta un manteau sur ses épaules, éteignit la lampe et sortit sur la pointe du pied.

Les ténèbres lui importaient peu dans cette maison où elle était née.

Sans faire un faux pas, sans se heurter à quelque meuble ou à quelque lambris, la jeune fille gagna l'escalier, descendit au rez-de-chaussée, traversa le vestibule et ouvrit la petite porte qui donnait sur le parc.

Un grand chien de garde qu'on déchaînait le soir vint à elle en bondissant, la reconnut et lui lécha les mains, sans avoir même fait entendre un seul aboiement.

Marthe, au comble de l'émotion, descendit d'un pas rapide les allées en amphithéâtre du parc, et ne s'arrêta qu'à cette petite porte qui était fermée au verrou en dedans.

Là elle eut un moment de faiblesse et hésita.

C'était le premier rendez-vous en pleine nuit qu'elle osait accorder à Henri.

Mais Henri, à ses yeux, n'était-il pas le plus loyal des hommes?

Marthe fit donc un effort de volonté, tira le verrou et ouvrit la porte.

La nuit était noire, le ciel couvert, et il tombait de temps en temps quelques gouttes de pluie, tandis qu'un vent d'orage chassait les nuages.

Cependant, comme la porte s'ouvrait, une ombre se dressa devant Marthe.

Elle fit un pas en arrière et étouffa un cri.

— Marthe, c'est moi... dit une voix caressante et douce.

Et M. Henri de Vénasque s'avança et prit la main de la jeune fille toute tremblante.

Il y avait un banc de pierre auprès de la porte.

Henri y fit asseoir Marthe et demeura debout devant elle.

Alors seulement, la jeune fille retrouva l'usage de sa voix.

— Henri, dit-elle, vous m'avez fait souffrir mille morts depuis quelques heures.

— Marthe, ma bien-aimée! répondit Henri de Vénasque, je vous ai parlé de séparation, et je n'ai point menti. Je viens vous faire mes adieux.

— Vos adieux!

— Oui, mais rassurez-vous, ce ne sont pas des adieux éternels, je l'espère. Je vous quitte pour un temps dont il m'est impossible de préciser la durée. Est-ce pour huit jours, pour un mois, pour un an? Je l'ignore.

— Mais où allez-vous donc? s'écria-t-elle d'une voix entrecoupée de sanglots et joignant les mains.

— Je ne puis vous le dire, ma Marthe adorée, car c'est là un secret qui ne m'appartient point.

— O mon Dieu!

— Marthe, reprit Henri de Vénasque, je vous jure sur les cendres de ma mère, sur mon honneur de gentilhomme, sur tout ce que j'ai de plus sacré au monde, que j'obéis en ce moment à un devoir impérieux et que rien d'humain ne saurait faire chanceler ma résolution. Marthe, je vous aime... je n'aurai jamais d'autre femme que vous...

— Ah! dit Marthe, si vous m'aimiez comme vous le dites, me quitteriez-vous donc ainsi?

— Enfant! répondit-il. J'ai un devoir sacré à remplir. Quel est-il? Vous le saurez un jour, mais ne me le demandez pas maintenant, car je ne puis vous le dire sans violer un secret qui n'est pas le mien.

Et dès lors Marthe eut beau prier, supplier, faire à M. de Vénasque mille questions,

Le jeune homme fut impénétrable.

Il jura à Marthe qu'il l'aimait, qu'elle serait sa femme; il lui laissa même entrevoir que la mission secrète qu'il allait remplir serait peut-être assez glorieuse pour lui valoir l'estime de M. Jean de Montbrun lui-même et faire tomber ses préjugés ; mais il ne s'expliqua pas plus clairement.

Seulement il parlait de l'avenir avec une telle confiance que Marthe finit par calmer ses angoisses, et elle retrouva quelque force d'âme au moment suprême de la séparation.

Le jour commençait à poindre lorsque M. Henri de Vénasque prit la jeune fille dans ses bras, lui donna un long baiser et s'élança ensuite sur son cheval.

Ce fut ce matin-là que que le passeur Simon le vit arriver au bac en même temps que le courrier des Alpes et qu'il s'aperçut que le jeune homme était pâle et qu'il avait pleuré.

Henri avait donc lancé son cheval sur la route de Belleroche et il y arriva au lever du soleil.

Mlle Ursule, sa vieille tante, savait sans doute ce que Henri n'avait pas voulu dire à Marthe de Sainte-Marie.

La respectable demoiselle était émue, et elle avait passé une partie de la nuit à préparer les valises de son neveu.

A midi, le tilbury du jeune homme était attelé.

Mlle Ursule le prit dans ses bras et lui dit :

— Adieu, mon enfant; fais ton devoir, et que Dieu nous protége.

Puis, quand le jeune homme fut parti, elle pleura.

....

M. Henri de Vénasque avait pris la route d'Aix.

Il y arriva comme la nuit tombait.

Ce soir-là, les voisins virent, sur la place d'Albertas, de la lumière dans la maison des Vénasque, et M. de Saint-Sauveur, le neveu du conseiller Féraud, le remarqua pareillement.

Mais personne ne rencontra M. Henri.

Quand le jour vint, M. Henri n'était plus à Aix, et trois jours après, Simon Bartalay ébahi l'avait vu passer en diligence au bac de Mirabeau.

Depuis lors, les jours s'étaient écoulés, et M. Henri n'avait pas reparu!...

VIII

A présent, suivons le colporteur que nous avons vu se séparer du cassaïre et de Simon

Bartalay après l'arrivée, au bac de Mirabeau, du courrier des Alpes.

Nous l'avons dit, cet homme avait traversé le village sans s'y arrêter; et, bien que la pluie tombât encore, il avait continué son chemin et n'avait fait halte qu'à cet endroit désert où, une heure auparavant, le courrier avait déposé les six hommes à mine suspecte.

Certes, le lieu était sauvage entre tous.

On entendait mugir la Durance sur la droite, mais on ne la voyait plus.

La route courait dans une gorge étroite, vers une des collines rocheuses couvertes de chênes verts au-dessus desquelles on apercevait la crête pelée du Lubéron.

Pas une habitation, pas une hutte de berger, pas même un champ cultivé.

Ce vallon a un nom sinistre, on l'appelle le val de *l'Homme-Mort*.

Pourquoi ?

Une demi-douzaine de légendes obscures essayent de l'expliquer et n'y parviennent pas.

On a trouvé là un cadavre ; mais quand ? Les anciens des villages environnants ne sont pas d'accord, et ils prétendent que, dans leur jeunesse, les anciens de ce temps-là ne l'étaient pas non plus.

Ce fut là pourtant que s'arrêta le colporteur ; là qu'il posa deux doigts sur ses lèvres et fît entendre un coup de sifflet. Ce coup de sifflet se répercuta d'écho en écho pendant dix secondes.

Puis une minute s'écoula.

Puis encore un autre coup de sifflet se fit entendre dans les profondeurs de cette vallée qui semblait s'allonger indéfiniment au nord.

Seulement, cette fois, ce n'était point un écho, c'était une réponse, et le colporteur le comprit ainsi, car il quitta aussitôt la grand'-route et prit un sentier qui grimpait à travers les roches et le fouillis d'arbres rabougris qui s'étendait sur la gauche, se dirigeant vers le Lubéron.

Celui qui l'eût vu tout à l'heure cheminer sur la grand'route, d'un pas lourd et fatigué, ne l'aurait pas reconnu maintenant.

Ce n'était plus un pauvre diable de marchand forain, plié sous le poids de sa balle, les pieds endoloris par le sol dur et poussiéreux du chemin, et s'aidant d'un bâton de houx noueux ; c'était un chasseur leste et hardi, passant au travers des ronces, sautant les broussailles, se frayant un passage dans les haliers avec la nerveuse souplesse d'une bête fauve.

Sa balle ne lui pesait guère, et il avait suspendu son bâton, comme un meuble inutile, à un bouton de sa veste, par le morceau de cuir qui lui servait de poignée.

Quand il était entré chez Simon Bartalay, on lui eût donné plus volontiers cinquante ans que quarante.

A présent, on eût dit un jeune homme de vingt-cinq ans.

Du reste, il était assez difficile de vérifier son âge; car son visage disparaissait tout entier sous une barbe épaisse d'un noir d'ébène, semée, il est vrai, de quelques filets argentés, mais qui pouvait être une barbe postiche, après tout, si on s'en rapportait aux allures étranges de ce singulier colporteur.

Certainement le chemin qu'il suivait lui était familier, car il n'hésita pas une seule fois, bien que souvent il fût à peine tracé.

La vallée allait se rétrécissant toujours vers le nord, et il vint un moment où elle se trouva comme fermée par un mur de granit.

Un rocher qui paraissait s'être détaché des

flancs du Lubéron et avait la forme d'un cône tronqué, avait roulé dans le ravin et semblait défendre au voyageur d'aller plus loin.

Le colporteur s'arrêta.

Il s'assit sur une pierre et posa sa balle à côté de lui; puis il fit entendre un nouveau coup de sifflet.

Cette fois, la réponse ne se fit point attendre et parut sortir des profondeurs de cette roche qu'il avait devant lui.

Les premières clartés du matin tremblotaient à la cime des montagnes.

Il n'était pas jour encore, mais les étoiles avaient pâli et une teinte rougeâtre irisait le ciel au levant.

A ces lueurs indécises, le colporteur vit tout à coup une forme noire s'agiter au haut de la roche qu'il avait devant lui.

Dans une gorge des Alpes ou des Pyrénées, on eût pu croire à la présence de quelque ours brun sortant de sa tanière pour respirer l'air du matin.

Mais le Lubéron ne renferme aucun de ces hôtes dangereux, et le colporteur ne s'y trompa point un seul instant.

Cette forme noire qui s'agitait et paraissait

lui faire signe de grimper jusqu'à elle, c'était un de ces hommes dont Simon le passeur avait annoncé en frissonnant la réapparition prochaine...

C'était un pénitent noir !

Et le colporteur se releva, reprit son fardeau et, comme une chèvre sauvage ou un izard, il se mit à grimper aux flancs de la roche, posant le pied dans d'imperceptibles anfractuosités et se servant maintenant de son bâton, qui était ferré par un bout.

Tout à coup le pénitent noir disparut.

On eût dit qu'il s'était abîmé dans les profondeurs de la roche, subitement entr'ouverte sous ses pieds, ou qu'il s'était évanoui comme un fantôme de légende aux premiers rayons de l'aube.

Le colporteur ne s'en émut point.

Il continua à grimper, et quand enfin il eut atteint le sommet, il se trouva en présence d'un énorme fouillis de broussailles qui avaient poussé vigoureuses dans les crevasses du rocher.

Alors il s'arrêta encore.

La grande barbe qui couvrait son visage tomba comme par enchantement, et les premières lueurs du matin éclairèrent alors un visage jeune et fier, de teinte olivâtre, au nez busqué et aux dents aiguës et blanches.

Cet homme était de taille moyenne et pouvait avoir trente ans.

Il ouvrit sa balle de colporteur, et certes, si le cassaïre et Simon Bartalay avaient assisté à cette opération, ils auraient été bien étonnés à la vue de la singulière marchandise qu'il en tira.

La balle ne contenait ni fil, ni aiguilles, ni bas, ni chaussettes, ni rien enfin de ce qui constitue la boutique ambulante d'un colporteur, mais une longue robe noire à capuchon et tout un arsenal de poignards et de pistolets.

Et le colporteur endossa la robe, rabattit sur sa tête la cagoule percée de trois trous, deux pour les yeux, un pour la bouche, serra à sa ceinture une courroie de cuir destinée à maintenir les pistolets et le poignard, puis, ainsi accoutré, il entra dans le fouillis de broussailles.

Là s'ouvrait, comme une bouche inexplorée de l'enfer, une excavation dont on ne soupçonnait pas l'existence à six pas.

La roche était comme l'entonnoir renversé de quelque volcan éteint ; on descendait dans ce cratère par un sentier abrupt et tournant, et à mesure que le prétendu colporteur s'enfonçait, les ténèbres l'enveloppaient et il n'apercevait plus au-dessus de lui qu'un étroit lambeau d'azur.

Puis, il vint un moment où toute clarté disparut, et il continua son chemin dans les ténèbres, marchant toujours d'un pas hardi.

Le sentier ne descendait plus aussi rapidement; mais il s'enfonçait sous la roche en suivant une pente horizontale et formant un véritable souterrain.

Au bout de quelques minutes, un murmure confus arriva aux oreilles de notre mystérieux voyageur.

On eût dit d'abord le clapotement d'un ruisseau coulant sur des cailloux.

Mais bientôt ce murmure grandit, et il fut impossible de ne pas l'attribuer à des voix humaines.

Enfin une clarté subite le frappa au visage, une clarté rouge qui était celle d'un brasier.

Le colporteur avança encore, et bientôt il se trouva au seuil d'une sorte de salle souterraine au milieu de laquelle on avait allumé un grand feu.

Une demi-douzaine d'hommes, tous vêtus

de la robe des pénitents noirs, étaient groupés à l'entour.

Quand le nouveau venu parut, tous se levèrent.

— Bonjour, camarades, dit-il. C'est moi qui reviens de Fréjus.

— Ah! dirent plusieurs voix.

— Et j'apporte des nouvelles.

— Voyons?

— Le navire était en vue des côtes...

— Quand?

— Il y a trois jours.

— Alors le débarquement a eu lieu.

— Sans aucun doute.

— Hurrah! dirent les pénitents noirs; nous pouvons agir en ce cas.

— Le capitaine est-il arrivé?

Et le colporteur compta du regard ses compagnons.

— Pas encore.

— Il faut l'attendre.

— Naturellement.

— Bah! dit un autre, j'ai des instructions, on peut toujours commencer.

— Non, dit le colporteur, mieux vaut l'attendre.

— Pourquoi?

On le vit sourire sous sa cagoule.

— Mes enfants, dit-il, j'ai de précieux renseignements à lui donner.

— Ah! ah!

— Je les ai recueillis au bac de Mirabeau, et peut-être seront-ils de nature à modifier nos opérations.

— Comment cela?

— Oh! c'est affaire à lui; tant que je ne lui aurai pas fait mes confidences, vous ne saurez rien.

— Est-ce de la politique?

— Oui et non. N'est-il pas convenu que nous faisons de la politique?

— Sans doute.

— Seulement nous pêchons dans l'eau trouble, c'est convenu.

— Parbleu!

— Et il est toujours bon de se garder à carreau! ajouta mystérieusement le prétendu colporteur; donc, attendons le capitaine...

IX

La réunion de ces sept personnes avait quelque chose de sinistre, d'autant plus qu'après les dernières paroles du colporteur, qui avait conseillé d'attendre le capitaine, il y eut quelques minutes d'un morne silence.

Enfin, un des six hommes qui étaient assemblés déjà quand le colporteur était arrivé, reprit :

— Je ne sais pas si nous aurons plus de bonheur qu'il y a deux ans, cette fois; mais ça n'a pas duré longtemps, et ce n'était guère la peine de nous faire venir de si loin.

— Moi, dit un autre, je ne connais que très-imparfaitement le pays. Il y a deux ans, je ne suis venu qu'à la fin, mais je crois que nous eussions mieux fait d'aller en Bretagne.

— Oui, mais là il faut opérer en plein jour, et avec des gens qui n'entendent pas la plaisanterie.

— Comment cela?

— Je veux dire avec des gens qui ne voient que la politique au bout de tout cela, et qui ne nous laisseraient pas facilement pêcher dans l'eau trouble, suivant la pittoresque expression de notre ami le colporteur.

— Est-ce votre opinion, colporteur? dit un autre.

— Tout à fait.

— Vous croyez qu'il y a à faire?

— Tout ce que je puis vous dire, répondit celui à qui on continuait à donner le nom de colporteur, c'est que j'apporte au capitaine des renseignements précieux.

— Ah ça! mais où est-il donc le capitaine?

— Comme toujours, partout et nulle part.

— L'avez-vous vu, les uns ou les autres?

— Non.

— J'ai reçu mon mot d'ordre par la poste, moi.

— Ah!

— D'où était-il daté?

— D'Aix.

— Et le rendez-vous était pour aujourd'hui

— Oui, à la roche creuse du vallon de l'Homme-Mort.

— Soyez tranquilles, le capitaine viendra, dit froidement le colporteur.

— Mais, dit un autre, nous ne sommes pas au complet, tant s'en faut.

— Nous avons déjà deux de nos amis à l'auberge du Pigeon-Noir.

— Je sais cela, dit le colporteur.

— Tiens! comment le savez-vous?

— Je le sais par le conducteur de la diligence, à qui vous avez fait une fameuse peur.

Les six pénitents noirs se mirent à rire.

— Peur salutaire, dit le colporteur, et qui nous servira joliment.

— Ah! ah!

— Ce soir on parlera des pénitents noirs dans tout le pays, sans même nous avoir aperçus.

Comme le colporteur disait cela, on entendit un bruit dans le souterrain, et tous les regards se tournèrent vers le boyau qui conduisait à la salle des mystérieuses délibérations des pénitents noirs.

Un homme parut sur le seuil.

Comme les autres il portait la robe noire, et son visage disparaissait sous sa cagoule.

Mais de plus que les autres, il avait sur l'épaule un nœud de ruban de couleur grise, ce qui était sans doute l'emblème de son autorité, car tout le monde s'écria :

— Voilà le capitaine !

C'était un homme de taille moyenne, dont les yeux noirs brillaient sous sa cagoule comme des charbons ardents, et dont la démarche hardie, la tournure musculeuse et souple annonçaient la jeunesse.

— Frères, dit-il avec un léger accent méridional, votre capitaine vous salue.

— Vive le capitaine ! répondirent les pénitents noirs.

— Vous n'êtes encore que sept ?

— Oui, capitaine.

L'un des pénitents noirs ajouta :

— C'est nous qui venons des Alpes.

— Bon !

— Et moi, je suis le colporteur ! dit le dernier venu sans soulever sa cagoule.

— Eh bien, colporteur, mon ami, reprit le capitaine, tu viens de Fréjus ?

— Oui, capitaine.

— Tu ne m'apprendras rien que je ne sache, la *personne* est débarquée.

— Ah ! vous savez...

— Je sais tout.

— Oh ! oh ! fit le colporteur en souriant, je gage que non.

— Plaît-il ? fit le capitaine avec hauteur.

— J'ai même de fameux renseignements à vous donner.

— Parle, alors...

— Non, pas ici, dit le colporteur.

— Pourquoi donc ? s'écrièrent les autres.

— Mais, répliqua-t-il, parce que ce que j'ai à dire au capitaine ne concerne que lui seul.

Il y eut un léger murmure.

— Tonnerre ! dit le capitaine dont les yeux étincelèrent tout à coup, je suis le maître ici, et puisque le colporteur me veut parler seul à seul, s'il me plaît de l'écouter, ça ne regarde personne.

En même temps il prit le colporteur par le bras et l'entraîna dans le corridor.

Alors ils se mirent à causer à voix basse, et leur entretien dura près d'un quart d'heure.

Les pénitents noirs n'entendaient pas un mot de ce qu'ils disaient, mais un petit rire sec et moqueur s'échappant de la cagoule du capitaine leur arriva plus d'une fois, et l'un deux murmura même :

— Il paraît que les renseignements plaisent au capitaine.

Enfin celui-ci revint.

— Maintenant, dit-il en se plaçant au milieu de ces mystérieux soldats, écoutez-moi, car nous allons faire notre plan de campagne.

Un murmure de satisfaction accueillit ces paroles.

— Nous n'attendrons pas les autres, dit le colporteur.

— Je ne compte pour aujourd'hui que sur deux.

— Ceux du *Pigeon Noir?*

— Oui.

— Et les autres?

— Ils nous rejoindront demain et les jours suivants. Ils viennent de loin.

Tout le monde attendait les ordres du capitaine.

Alors celui-ci s'exprima ainsi :

— Vous pensez bien, mes amis, qu'il faut que notre premier coup soit un acte de représailles politiques; sans cela nous passerions dès le début pour une bande de brigands vulgaires...

— Ce que nous sommes, murmura le colporteur.

Le capitaine lui jeta un regard sévère et poursuivit :

— Il y a deux ans, le pasteur Dufour a livré deux hommes aux gendarmes.

Ces deux hommes étaient accusés d'avoir mis le feu à une ferme, mais on n'avait aucune preuve contre eux, et ils furent reconnus innocents quelque temps après leur condamnation. Malheureusement on en avait guillotiné un, et l'autre était au bagne. Le seul crime qu'eussent commis ces deux hommes avait été de se défendre pendant plusieurs heures dans une grange, à la porte du village dont Dufour était pasteur. Désespérant de pouvoir se sauver, ils prirent la fuite, se cachèrent pendant trois jours et trois nuits dans les ajoncs d'un étang et n'en sortirent que pressés par la faim. Au milieu de la nuit, ils allèrent frapper à la porte de Dufour et lui demandèrent à manger. Dufour les accueillit paternellement, leur dit qu'ils étaient en sûreté chez lui, les fit souper, leur donna un lit et, pendant qu'ils dormaient, alla chercher les gendarmes.

— Nous savons cela, dit le colporteur.

— Tout le village, poursuivit le capitaine, était protestant, et les deux malheureux étaient catholiques et royalistes; mais l'indignation fut grande, et le pasteur Dufour, chassé de sa maison, fut obligé de quitter le pays.

— Ah! et où alla-t-il?

— A Marseille, où il se cacha. Puis, quand le calme fut rétabli, lorsqu'on eut oublié, il revint; mais il n'osa pas franchir la Durance, et il est resté de l'autre côté, où il s'est établi dans une petite maison isolée, entre Saint-Paul et Cadarache.

— Et c'est par lui que vous voulez commencer, capitaine?

— Oui. Ce sera d'un bon exemple.

— Mais nous reviendrons par ici ensuite?

— Sans doute.

— Il y a de jolis coups à faire...

— Oui, fit le capitaine d'un signe de tête.

— Ah çà! dit le colporteur, j'imagine que cette fois on fera une petite visite au conseiller Féraud?

A ce nom, le capitaine tressaillit.

— Il a touché ses nombreux fermages il y a quinze jours, et il doit y avoir de l'or plein ses caves.

Le capitaine entr'ouvrit sa robe, prit un pistolet à sa ceinture et dit froidement :

— Si quelqu'un de vous a le malheur de toucher un cheveu de la tête de M. Féraud, il ne mourra que de ma main...

— Mais... capitaine!...

— Je n'ai pas à m'expliquer. Silence!

Et comme le capitaine disait cela, des pas retentirent dans le corridor.

— Eh! dit le capitaine, voici nos amis de l'auberge du Pigeon-Noir; ils nous apportent sans doute des nouvelles du château de Montbrun.

— Et peut-être savent ils où est le magot de cent mille francs? dit le colporteur.

Les yeux du capitaine étincelèrent sous la cagoule.

— Il faudra bien qu'on le trouve, dit-il.

Et tous les regards se portèrent vers les nouveaux venus, qui entraient en ce moment dans la salle souterraine.

X

Les deux hommes qui arrivaient en ce moment avaient pareillement revêtu la robe des pénitents noirs. Mais leur démarche et leur tournure justifiaient la réponse de l'aubergiste du Pigeon-Noir.

Il y en avait un vieux et un jeune.

Le vieux était de haute taille, maigre, et des flots de barbe blanche s'échappaient de sa cagoule.

— Bonjour, capitaine, dit-il en entrant; bonjour, jeunes gens, le *patriarche* vous salue !

— Bonjour, vieux renard, répondit le capitaine.

— Vous avez raison de m'appeler vieux renard, dit le vieillard d'un ton ironique; je suis aussi rusé qu'un renard, et je suis vieux comme un patriarche; aussi a-t-on bien fait de me donner ce nom.

Et il jeta un regard de compassion dédaigneuse sur ses compagnons.

— Savez-vous, dit-il, que pas un de vous n'était de ce monde que j'avais déjà mes chevrons de capitaine, moi qui ne suis plus que soldat ; j'ai fait la première guerre des pénitents noirs...

— Et la seconde, dit le capitaine.

— Et la troisième, ricana le colporteur.

— Et le château de Montbrun lui est connu.

— Ne parlons pas de cela, dit le vieillard en regardant le capitaine de travers.

— Voyons, reprit ce dernier, au lieu de bavarder comme une pie borgne, patriarche, il faudrait nous parler de nos affaires.

— Je suis venu pour cela, capitaine.

— Depuis combien de temps êtes-vous dans le pays?

— Depuis un mois.

— Bon!

— Je me suis fait batteur en grange et j'ai travaillé un peu partout.

— Ah! ah!

— Je connais tous les environs comme ma poche. Il n'y a pas grand argent. Et puis, voyez-vous, camarades, ça ne durera pas... nous n'avons pas quinze jours de campagne... les idées religieuses sont calmées... on ne nous cachera pas, on ne nous donnera pas asile comme au bon temps... et c'est les gendarmes qui auront le dernier mot...

— Après? fit le capitaine.

— Il y a le maire de la Bastidonne, vous savez? celui qui, il y a deux ans, avait organisé la garde nationale et qui nous a fait la chasse dans la montagne, il a de l'argent, lui.

— Beaucoup?

— Il a fait un héritage. On dit qu'il a une trentaine de mille francs en or dans un vieux coffre, il veut acheter des bois qui sont à vendre à Lourmarin, et il se tient à un millier d'écus.

— Ce qui fait qu'il garde son argent?

— Justement.

— Il ne le gardera pas longtemps, dit froidement le capitaine. Et puis?

— Par exemple, j'ai passé huit jours au château de Montbrun, chez les fermiers ; de braves gens, allez! ricana le patriarche. Quand je n'ai plus eu d'ouvrage, ils pleuraient et voulaient me garder comme berger.

— Et les cent mille francs?

— Attendez donc, capitaine. Oh! fit le patriarche, ces jeunes gens, toujours pressés.

Et il eut un rire long et pointu sous sa cagoule.

Puis il continua :

— Il y a joliment du désarroi au château !

— Ah ! ah !

— La demoiselle est amoureuse...

— Vous n'êtes pas sans le savoir, capitaine, ricana le colporteur.

Le capitaine eut un regard sévère.

— Dans un temps, poursuivit le patriarche, elle riait que c'était une bénédiction ; mais depuis huit ou dix jours, non-seulement elle ne riait plus, mais elle pleurait.

— Comment savez-vous cela, patriarche ?

— Dame ! la ferme, le château, tout ça se touche. Les gens vont et viennent. L'oncle Jean est toujours levé avant le jour ; il ne se gêne pas pour parler tout haut.

L'autre jour, il a eu une querelle avec M. Joseph de Montbrun, son frère.

— A cause de la petite ? dit le capitaine.

— Naturellement.

— Et que disaient-ils ?

— L'oncle Jean disait : Elle s'ennuie, cette petite, il faut la marier.

Et le père a répondu :

— Je crains qu'il ne soit trop tard.
— Pourquoi donc?
— Elle est amoureuse.
— De qui?
— Je ne sais pas.
— Il faut le savoir, a dit l'oncle Jean.
Vous pensez, continua le patriarche, que je ne sais pas au juste ce qui s'est passé, mais il paraît que la petite, pressée par son père, lui a fait des confidences.

— Et que lui a-t-elle avoué? demanda le capitaine.

— Qu'elle aimait M. le baron Henri de Vénasque.

— Comme ça tombe! dit le colporteur en riant.

Le capitaine lui jeta un regard étincelant.

— Tais-toi! dit-il. Continue donc, patriarche...

— Il paraît, reprit le vieillard, que le baron a disparu depuis huit jours.

— Ah! vraiment?

— Demandez à Simon le passeur, ricana le colporteur, il vous dira peut-être où il est.

— Mais tais-toi donc, imbécile! gronda le capitaine.

Le patriarche reprit :

— M. de Montbrun a tout dit à son père. L'oncle Jean est entré en fureur.

— Ah! il faut vous dire, interrompit le patriarche, que ça se passait le soir, aux environs de dix heures, pas plus tard qu'avant-hier. J'étais couché dans la grange, et tous les gens de la ferme étaient au lit. Je me suis relevé et j'ai grimpé comme un chat dans un platane qui monte au long des croisées du grand salon.

Les croisées étaient ouvertes; ça fait que j'ai tout vu et tout entendu.

— Bon! fit le capitaine.

— La demoiselle était assise et sanglotait. Son père ne disait mot; mais l'oncle Jean se promenait à grands pas, tapant du pied, jurant comme un païen, et tout à coup il s'est retourné :

— Jamais! a-t-il dit, jamais, entendez-vous? je ne permettrai que la fille d'un Montbrun entre dans cette famille d'assassins!

Et comme M. de Montbrun ne répondait pas et que la demoiselle sanglotait de plus belle, l'oncle Jean a poursuivi :

— Je suis le maître ici, comme étant l'aîné;

le château m'appartient. Si je ne me suis pas marié, c'est que je voulais que ma nièce fût riche, et j'ai dans le double fond de mon secrétaire cent mille francs en or...

— Ah! ah! interrompit le capitaine, ses cent mille francs sont dans le double fond du secrétaire?

— Il paraît. Et quand j'ai su cela, dit le patriarche, je ne me suis plus inquiété du reste et je suis allé me coucher.

— Ce qui fait, reprit le capitaine, que tu ne sais pas ce qui s'est passé?

— Non. Je l'ai su le lendemain, c'est-à-dire hier matin.

— Ah!

— M. de Montbrun et son frère sont à moitié brouillés; la petite tient bon, et le père, qui voit pleurer sa fille, veut tout ce qu'elle veut.

— Et alors...

— Alors ils vont partir dans trois jours pour Aix, où ils passeront l'hiver.

— Et l'oncle Jean?

— Il restera à Montbrun.

— Eh bien, dit froidement le capitaine, nous attendrons que son frère et sa nièce soient partis pour aller lui faire une petite visite.

— Ce qui n'est pas trop bête encore, dit le colporteur.

— Tais-toi, dit le capitaine.

Et il tomba dans une profonde rêverie que ses compagnons respectèrent.

Tout à coup, cependant, il releva la tête :

— Vous, enfants, dit-il, c'est ce soir que nous commençons.

— Par le pasteur Dufour?

— Sans doute.

— A quelle heure partons-nous?

— A dix heures du soir, quand la lune sera couchée.

— Aurons-nous des chevaux?

— Nous n'en avons pas besoin.

— Ah!

— Le courrier des Alpes, qui passe à neuf heures du soir, nous transportera.

— Mais, capitaine, dit le colporteur, le courrier qui passe à neuf heures est celui qui vient d'Aix.

— Eh bien, il rebroussera chemin pour nous.

— Et les voyageurs?

— Ils descendront.

Tout le monde s'inclina.

— Maintenant, acheva le capitaine, que ceux qui ont faim déballent leurs provisions et déjeunent. Moi, je vais dormir.

Et le capitaine s'allongea sur le sol, auprès du bahut, et se fit un oreiller de ses deux bras réunis.

XI

Retournons maintenant à la maison du passeur Simon Bartalay.

On se souvient que la nuit précédente il ne s'était pas couché.

L'arrivée du cassaïre et du colporteur, qui s'étaient rencontrés en chemin, avaient voyagé de compagnie et étaient venus frapper à sa porte, avait dérangé ses projets de sommeil.

Il avait bavardé avec eux jusqu'au matin et donné, sans s'en douter, une foule de renseignements précieux au prétendu colporteur.

Aussi, pendant tout le jour, Simon avait été somnolent, fatigué, et dès la première heure de nuit avait pris son frugal repas.

Puis il s'était assis auprès du feu et n'avait pas tardé à s'endormir.

Il en était un peu de Simon le passeur comme des conducteurs de diligence qui dorment tandis que le postillon tient les rênes.

A trente pas du relai le conducteur s'éveille machinalement, descend de son cabriolet, donne un coup de main pour attacher les chevaux, puis remonte et se rendort jusqu'au relai suivant.

Ainsi de Simon.

Dans la mauvaise saison, il n'y avait guère que les diligences qui passaient de nuit au bac de Mirabeau. Celle qui venait d'Aix et montait vers les Alpes passait entre dix et onze heures du soir; l'autre, celle qui descendait, arrivait un peu avant le jour.

Simon dormait donc de sept heures du soir à dix, s'éveillait avant même d'avoir entendu le cornet à piston du conducteur, passait la montante, rentrait se recoucher et ne se réveillait plus que pour aller chercher l'autre voiture sur l'autre rive.

Donc Simon, ce soir-là, réparait la veillée de la nuit précédente.

A six heures et demie précises, la *montante*

était arrivée ayant le conducteur *Gavot* au cabriolet.

Elle était pleine de voyageurs qui se rendaient à la foire de Manosque.

Gavot avait lestement dégringolé du cabriolet et dit à Simon :

— Ne parle pas de ce qui nous est arrivé l'autre nuit, n'est-ce pas? Il y a des femmes et des enfants qui prendraient peur.

Simon avait fait un signe de tête. D'ailleurs, il n'était guère à la conversation.

La voiture passée, il s'en était revenu dare dare, s'était jeté sur son lit et s'était endormi d'un profond sommeil. Moins d'une heure après, cependant, il fut réveillé en sursaut et bondit vers la porte.

Un bruit avait frappé son oreille; c'était la fanfare du conducteur qui traversait l'espace.

D'abord Simon s'imagina qu'il était cinq heures du matin. L'horloge à cage de bois qui faisait entendre son tic-tac dans un coin lui ôta cette illusion.

L'horloge marquait minuit moins vingt minutes.

Alors Simon crut rêver et se frotta les yeux.

La fanfare du conducteur se faisait entendre toujours.

Alors Simon ouvrit sa porte et fit un pas au dehors.

Il n'avait pas rêvé, il avait bien entendu. Le fanal de la diligence brillait sur l'autre rive comme un point rougeâtre, et la fanfare retentissait de plus belle.

Il était impossible que la voiture qui ne devait passer, retour des Alpes, qu'à cinq heures du matin, fût déjà là, puisqu'il n'était pas minuit.

En outre, chaque conducteur a sa manière, sa sonnerie de cornet à pistons, et Simon reconnut le coup de langue du Gavot,

Du Gavot qui venait de passer il y avait une heure.

Alors Simon sentit quelques gouttes de sueur perler à son front. Il avait peur de deviner.

Néanmoins il descendit, détacha son bateau, vira au cabestan, et le bateau fila vers l'autre rive sur ses rails aériens.

A mesure qu'il approchait, Simon reconnaissait la voiture, les trois chevaux gris; enfin il entendit une voix qui lui criait :

— Allons, Simon, plus vite que ça.

Cette voix était celle du Gavot; mais elle était chevrotante et comme assourdie par un mystérieux effroi.

Simon toucha la rive droite.

La nuit était sans lune et presque sans étoiles; mais le fanal de la diligence projetait au loin sa lueur, et Simon sentit tout à coup ses cheveux se hérisser.

Un homme était assis sur le siége à côté du postillon, un autre dans le cabriolet à côté du Gavot.

Ces deux hommes portaient une robe noire et avaient chacun un pistolet au poing.

En même temps, d'autres hommes pareillement vêtus mirent aux portières leurs têtes couvertes de cagoules, et Simon frissonnant n'eut plus le moindre doute.

La diligence semblait transporter un couvent de moines. Seulement, ces moines étaient des pénitents noirs.

Gavot descendit pour aider à embarquer la voiture.

Le pénitent noir qui était à ses côtés en fit autant.

Chacun prit par la bride un des chevaux de volée, et la diligence entra dans le chaland.

Gavot était pâle et un tremblement nerveux agitait tout son corps.

Mais il n'osa prononcer un mot.

D'ailleurs, Simon n'avait pas besoin d'explications pour comprendre ce qui s'était passé.

Les pénitents noirs avaient arrêté la diligence aux environs de l'auberge du Pigeon-Noir, fait descendre les voyageurs tout tremblants et sommé le conducteur et le postillon, sous peine de mort, d'avoir à les conduire de l'autre côté de la Durance.

Le chaland revint sur la rive gauche.

Alors, le chef des pénitents noirs, celui qu'on appelait le capitaine, dit au Gavot :

— Tu peux t'en aller maintenant, et ce n'est pas la peine de faire sortir la voiture du bateau. Nous connaissons le chemin.

La voix de cet homme avait fait tressaillir Simon.

Le passeur attacha sur lui un regard qui semblait vouloir pénétrer sous sa cagoule et voir le visage qu'elle dérobait.

— Ah! murmurait-il, il m'a semblé que c'était sa voix...

Dans tous les cas, c'est bien la même taille... la même démarche...

Et comme le capitaine s'approchait du cabestan, Simon murmura :

— Ah ! monsieur Henri...

Le capitaine fit un brusque mouvement ; puis il dit d'une voix sourde :

— Il y a des noms qu'il est dangereux de prononcer, mon ami Simon, prends garde à toi !...

Il avait dit cela à voix basse, et cependant une oreille exercée avait surpris ces paroles, l'oreille du conducteur Gavot.

Et quand les pénitents noirs furent tous débarqués et que la diligence, libre enfin de continuer son chemin, glissa de nouveau vers la rive droite, portée par le chaland, le Gavot s'approcha de Simon, pâle et muet :

— Je m'en étais douté comme toi, murmura-t-il.

Simon tressaillit.

— J'ai l'oreille fine, poursuivit le conducteur en clignant de l'œil.

— Qu'est-ce que tu veux dire ?

— C'est bon, j'ai entendu.

— Quoi donc ?

— Tu connais le capitaine, toi ?

Simon haussa les épaules.

— Pas plus que toi.

— Alors tu le connais... car je le connais aussi.

— C'est bon, murmura le Gavot, je sais ce que je dis...

Simon ne répondit pas, mais il poussa un profond soupir.

. . . .

Malgré sa fatigue, Simon, rentré chez lui, ne se rendormit plus.

Il passa le reste de la nuit en proie à une anxiété sans nom.

Vingt fois il sortit de sa maison et grimpa par un sentier jusqu'à une éminence qui lui permit de voir au loin sur la rive gauche.

Où étaient allés les pénitents noirs?

Mystère!

Enfin, vers trois heures du matin, il sembla à Simon qu'une grande clarté se faisait dans le ciel et teignait l'horizon de reflets pourpres.

De nouveau il grimpa sur la petite colline.

Alors il vit au loin des tourbillons de flamme et de fumée qui semblaient envelopper le village tout entier de Saint-Paul-lez Durance et montaient sinistres à l'horizon.

Puis, un quart d'heure après, il vit bondir de roche en roche et par les sentiers escarpés qui descendaient de la montagne au bord de la rivière, il vit bondir et dégringoler comme un troupeau de chèvres noires : c'étaient les pénitents noirs qui revenaient de leur sinistre expédition et regagnaient à la hâte le bac de Mirabeau.

Et Simon, tout tremblant, reprit le chemin de sa maison et arriva en même temps qu'eux.

Le capitaine, un pistolet au poing, lui dit d'une voix brève :

— Passe-nous !

Cette voix semblait déguisée et avait perdu son timbre ordinaire.

Les pénitents noirs s'embarquèrent.

Le capitaine s'approcha encore de Simon et lui dit :

— Tu as quelquefois la langue trop longue... Prends garde à toi, Simon !

Simon, éperdu, fit un signe de tête qui voulait dire : je me tairai...

Et Simon mentait.

— Le cassaïre avait raison... J'aurais pourtant donné, ce matin encore, ma tête à couper que es Vénasque étaient de braves gens !...

9.

I

— Voici les mauvais jours revenus! s'écria le vieux Jérôme en posant son fusil au coin de la cheminée.

Le vieux Jérôme était le garde-chasse du château de Montbrun, et il entrait dans la cuisine à huit heures du soir, tout ruisselant de pluie.

Les domestiques du château étaient réunis au coin du feu, sous le manteau gigantesque de l'âtre.

Tous étaient silencieux et tristes.

Il y avait là Nanette la cuisinière, Marion la femme de charge, et Jacques le valet de chambre de M. Jean de Montbrun, et *Petit-Bijou*, le palefrenier, qui pansait si bien le cheval de Mlle Marthe et le suivait au besoin à la course.

Le temps était affreux.

Le vent faisait rage, la pluie fouettait les vitres avec violence, et des rafales s'engouffrant dans les tuyaux des cheminées laissaient croire par moments que le château tremblait sur ses vieilles assises et allait s'écrouler.

Quelquefois un éclair déchirait la nuit, mettait un reflet livide aux tourelles du manoir, puis tout rentrait dans l'obscurité pleine d'horreur.

Comme Jérôme secouait sa blouse en répétant : Oui, voilà les mauvais jours revenus, Petit-Bijou, qui était un valet facétieux, se retourna et dit :

— Père Jérôme, ça ne doit pas vous étonner ; passé la Toussaint, c'est le diable qui tient la queue de la poêle.

— Mon pauvre Jérôme, va te changer, dit la Nanette, tu n'as pas un fil de sec.

Jérôme haussa les épaules :

— Ce n'est pas du temps que je parle, dit-il; il pleut un jour, il vente un autre, il fait soleil le troisième. Ce n'est pas ça que j'appelle les mauvais jours.

Jérôme, qui était un grand vieillard encore robuste, qui avait été soldat et se tenait droit comme un I, Jérôme, au lieu d'aller se sécher, prit une chaise, se mit à califourchon dessus et exposa ses habits ruisselants à la flamme du foyer.

— Il est un fait, soupira Marion, la vieille femme de chambre, que j'en ai bien vu dans ma vie, car voilà que j'ai septante et un ans, mais je n'aurais jamais cru que M. Jean et M. Joseph viendraient à se brouiller.

Jérôme tira sa moustache avec fureur et grommela quelques mots inintelligibles.

— Pauvre mam'selle Marthe, comme elle pleurait ce matin en partant!

— M. Joseph aussi pleurait, mais M. Jean ne pleurait pas, dit Petit-Bijou.

— C'est égal, dit la Nanette, je ne peux pas croire que tout ça soit vrai.

— Et ça l'est tout de même, ma fille, reprit la vieille femme de charge. M. Joseph et sa fille ont quitté le château et s'en vont à Aix pour l'hiver, et ils sont brouillés avec M. Jean, et vous savez, il n'est pas commode M. Jean, et quand on lui a manqué...

— Mais que s'est-il donc passé entre eux? demanda Petit-Bijou.

— Voilà ce que personne ne sait bien au clair.

— Je le sais, moi, dit Jérôme, mais c'est mon affaire. Maintenant je vais vous donner un bon conseil, mes enfants.

Tout le monde regarda le vieux garde.

— Je connais M. Jean, reprit-il, il est comme le feu sur lequel on jette de l'huile. Plus vous lui parlerez de son frère et de mademoiselle, plus il se mettra en colère.

— On ne lui en parlera plus, répondit Marion.

— Il faut faire, continua le garde-chasse, comme si on n'avait jamais entendu parler d'eux. Alors un beau jour, sa colère tombée, M. Jean ira à Aix et la paix se fera.

— C'est tout à fait mon idée, dit la femme de charge.

— Vous dites, vous autres, dit alors Jacques le valet de chambre, que M. Jean ne pleurait pas ce matin, au moment du départ ?

— Oh! pour ça non, répondit Petit-Bijou.

— Oui, mais après il est remonté dans sa chambre, il s'est mis à la fenêtre, il a suivi la voiture des yeux; puis, quand elle a disparu, il a pris sa tête dans ses deux mains et il s'est mis à fondre en larmes.

— Et ce soir il n'a pas voulu souper.

— Eh bien, dit brusquement le vieux Jérôme, tout ça ne m'inquiète guère. Deux frères qui ont vécu toute leur vie ensemble ne se brouillent pas pour longtemps, et si les pénitents noirs n'avaient pas reparu...

Un frisson courut parmi les hôtes de la cuisine.

— Vous savez ce qu'ils ont fait avant-hier?

— Ils ont brûlé le pasteur Dufour, n'est-ce pas?

— Et mis le feu à sa maison.

— Ils auraient du mal à mettre le feu quelque part cette nuit, la pluie l'aurait vite éteint, observa Petit-Bijou.

— Ça n'empêche pas que je ne suis guère tranquille, moi, dit la vieille Marion, après le malheur qui nous est arrivé autrefois...

— Maintenant que le grand Vénasque est mort.

— Mais il a un neveu...

Jérôme haussa les épaules.

— Ce n'est pas lui que je crains, dit-il, et puis ça n'a jamais été prouvé que ce fût le grand Vénasque. Je ne le crois pas, moi.

— Oh! si l'on peut dire! fit la Nanette.

— On fera toujours bien, dit Petit Bijou, de fermer les portes ce soir.

— Et de charger tous les fusils qui sont dans le château, ajouta Jérôme.

— Dans tous les cas, ce n'est pas cette nuit qu'ils viendront, murmura le valet de chambre.

— A savoir.

— Il pleut trop fort...

— Avec ça que la pluie les arrête, grommela Jérôme.

La vieille Marion frissonna.

— Jérôme, dit-elle, tu dois savoir quelque chose?

— Je sais ce que tout le monde sait : que les pénitents noirs ont reparu et qu'ils ont brûlé vif le pasteur Dufour.

— Et puis...?

— Et puis... le reste ne vous regarde pas. Allons, ajouta le garde, qui paraissait jouir d'une certaine autorité, faut aller vous coucher, les enfants.

En même temps il échangea un regard furtif avec les deux hommes qui se trouvaient dans la cuisine, Petit-Bijou le palefrenier et Jacques le valet de chambre. La vieille Marion, la Nanette et une fille de vaisselle qui n'avait pas dit un mot se levèrent alors.

— Je couvrirai le feu, dit Jérôme; je vais nettoyer mon fusil, crainte de la rouille.

Les femmes s'en allèrent et prirent le chemin des combles du château, dans lesquels elles avaient leur logis.

Alors Jérôme dit :

— Maintenant nous pouvons causer.

— Qu'est-ce qu'il y a? demanda Jacques.

— Je crois que les pénitents noirs ont une idée sur le château.

Petit-Bijou pâlit légèrement.

— Ce soir, un peu avant que la nuit ne tombât, poursuivit Jérôme, je traversais une vigne, là-bas, auprès de l'auberge du Pigeon-Noir.

— Eh bien? fit Jacques.

— Mon chien a levé le nez, pointé les oreilles, et s'est mis à grogner.

— Et alors?

— Alors je me suis avancé, et j'ai vu quelque chose de noir qui filait à toutes jambes.

— Un pénitent sans doute?

— Un pénitent, bien sûr. J'avais envie de lui envoyer un coup de fusil; mais je n'avais que du plomb à grives, et il était loin.

Alors j'ai rappelé mon chien, qui était parti après, et je suis redescendu vers le Pigeon-Noir, où je suis entré.

— Une triste auberge, dit Petit-Bijou.

— Et tenue par une jolie canaille, le Jean-Martin, qui a fait six ans de bagne.

— Ça, c'est vrai, dit Bijou ; mais il y a longtemps, et jamais, depuis qu'il est revenu, on n'a rien eu à dire de lui.

— Ce qui n'empêche pas, murmura Jérôme, que je suis presque sûr d'une chose.

— Laquelle ?

— C'est que son auberge est le quartier général des pénitents noirs.

— Oh !

— Je m'en doutais déjà... mais à présent, je vous le répète, j'en suis presque sûr.

— Comment cela ?

— Vous allez voir. Quand je suis entré, la pluie commençait à tomber.

Jean-Martin a eu besoin de moi, voici une couple d'années.

Les huissiers étaient après lui, j'avais un peu d'argent, et je le lui ai prêté, non pour lui qui est une canaille, mais pour sa femme, qui est la fille d'un brave homme.

Quand ils m'ont vu entrer, la femme m'a dit :

— Voulez-vous souper avec nous ?

— Et vous coucherez ici, m'a dit Jean-Martin, il va pleuvoir toute la nuit.

J'ai soupé ; il a voulu me faire boire, et ils ont tant insisté que j'ai compris qu'ils avaient une raison pour me garder.

Alors je me suis méfié, j'ai pris mes jambes à mon cou et je suis revenu.

— Est-ce tout ? dit Jacques.

— En comptant des regards inquiets entre la femme et le mari, une demi-douzaine de coups de sifflet que nous avons entendus en soupant, et ma lampe que Jean-Martin a posée sur la fenêtre.

— Ah !

— Par conséquent, dit Jérôme, il faut prendre nos précautions.

— Et prévenir les gens de la ferme.

— Ils sont prévenus.

— Et *monsieur ?*

— Ah ! nous verrons plus tard ; j'ai lâché Neptune et Vénus.

Neptune et Vénus étaient deux énormes chiens de montagne de force à étrangler un loup.

Et comme le vieux Jérôme parlait ainsi, au milieu des bruits de la tourmente qui régnait au dehors, on entendit tout à coup les deux molosses hurler avec fureur.

Et en même temps le marteau de bronze qui se trouvait à la porte du château retentit avec un bruit lugubre.

Jérôme sauta sur son fusil, et les deux autres valets coururent à une panoplie qui se trouvait dans le vestibule et y prirent chacun une carabine à deux coups.

Les chiens hurlaient toujours, et le marteau retomba lourdement pour la seconde fois sur e chêne ferré de la porte!...

XIII

Le château de Montbrun ne datait pas d'hier, et il avait soutenu des siéges au bon temps des guerres féodales.

On avait bien déchaperonné deux des tours, comblé les fossés bourbeux, supprimé le pont-levis; mais il était resté de bonnes murailles d'un mètre d'épaisseur, des fenêtres garnies de gros barreaux de fer, et dans la porte un guichet grillé semblable à celui d'un couvent.

Le vieux Jérôme ouvrit ce guichet et regarda qui frappait. C'était le fermier.

La ferme était comprise dans l'ancienne enceinte fortifiée du château.

Le soir venu, on fermait les portes de la basse-cour, on rentrait les chiens et on s'endormait sous leur garde.

La ferme avait une demi-douzaine d'habitants mâles et autant de femmes.

Le fermier, qu'on appelait Nicolas Bidache, ses trois fils, de solides gaillards de trente, vingt-cinq et vingt-deux ans, deux garçons de charrue, la fermière, sa fille, et ses servantes dont l'une était bergère.

Il y avait cent cinquante ans que de père en fils les Bidache étaient fermiers au château.

Les maîtres avaient changé de religion et étaient revenus au catholicisme; mais eux étaient devenus protestants convaincus et ils ne prenaient même à leur service que des protestants.

Le père Nicolas Bidache était un homme de cinquante-cinq ans, de haute taille, robuste et courageux. Ses fils lui ressemblaient, sa femme et ses filles aussi.

C'était une maison de puritains austères, accomplissant leurs devoirs religieux avec une scrupuleuse exactitude et passant dans le pays environnant pour de très-honnêtes gens.

En 1815, ils s'étaient bien conduits, lors du siége du château par la bande des pénitents noirs; ils s'étaient battus à outrance, et un quatrième fils du fermier, l'aîné de tous, avait été tué.

Quand, deux jours auparavant, le bruit s'était répandu que les pénitents noirs reparaissaient, Nicolas Bidache regarda son fusil accroché au manteau de la cheminée et murmura :

— Ils peuvent venir... cette fois je vengerai la mort de mon fils!

Or, une heure auparavant, le vieux Jérôme, avant d'entrer au château, s'était arrêté à la ferme.

Comme il pleuvait à verse, les fermiers étaient assez tranquilles et prenaient leur repas du soir.

Jérôme était entré, avait fait un signe mystérieux à Nicolas, et dit tout haut :

— Hé! père Bidache, viens donc, M. Jean m'a donné une commission pour toi.

Le fermier était sorti.

Alors tous deux s'étaient mis à l'abri sous un hangar, et Jérôme, regardant le fermier, lui avait dit :

— Il y a du nouveau.

— Ah ! ah !

Jérôme lui avait fait part de ce qu'il avait vu, de ce qu'il avait entendu ensuite à l'auberge du Pigeon-Noir, et Nicolas avait répondu :

— Nous sommes prêts.

Alors un petit plan stratégique avait été arrêté entre eux.

On ne dirait rien aux femmes et on les enverrait se coucher comme à l'ordinaire.

Les femmes couchées, on éteindrait les feux, les lumières, et on attendrait, le fusil au poing, après avoir posé des sentinelles aux quatre coins de la cour.

Nicolas et Jérôme se souvenaient parfaitement de l'attaque de 1815.

Les pénitents noirs avaient escaladé les murs, qui étaient assez hauts, du côté du nord, et il était probable qu'ils prendraient encore le même chemin.

Mais en 1815, on n'était pas prévenu ; ensuite les fils du fermier étaient des enfants, et puis les assiégés avaient été surpris dans leur sommeil.

Cette fois, ils trouveraient une petite armée toute prête.

Et puis, en outre, Vénus et Neptune valaient bien trois hommes armés chacun.

C'étaient des chiens féroces qu'on avait achetés à un de ces convois de bergers arlésiens qui mènent chaque année leurs nombreux troupeaux paître au sommet des Alpes françaises.

Enfin, il avait été convenu qu'on ne préviendrait M. Jean de Montbrun que s'il y avait absolue nécessité, car il pouvait fort bien se faire que tout cela fût une fausse alerte.

Les choses s'étaient donc arrangées ainsi.

La mère Nicolas Bidache, ses deux filles et leurs servantes avaient gagné leurs lits, et les hommes étaient sortis, les uns pour faire la paille des chevaux, les autres pour fermer la porte des étables.

Nicolas avait lâché les deux molosses qu'on tenait à l'attache tout le jour.

Pendant ce temps, nous avions vu Jérôme faire pareillement ses préparatifs et n'ouvrir la porte du vestibule qu'après avoir, par le guichet, reconnu Nicolas Bidache.

— Ah! c'est toi? dit-il.

— C'est moi, dit le fermier en entrant rapidement. Je crois bien que les pénitents noirs sont en chemin.

— Pour venir ici?

— Naturellement. N'entends-tu pas les chiens?

— Les chiens hurlent quelquefois pour peu de chose.

— Vrai, dit le fermier; mais tout à l'heure je suis sorti de la cour.

— Seul?

— Avec Phanor, notre petit chien loup qui a un nez d'enfer, comme tu sais.

J'ai fait le tour du clos.

Phanor était devant moi, le nez au vent, les oreilles tendues; tout à coup il a donné un coup de voix.

Je me suis arrêté, et j'ai regardé autour de moi.

Phanor avait les quatre pieds fichés en terre, comme s'il eût été de bronze.

Nous étions dans la vigne qui n'a plus de feuilles depuis longtemps.

Les arbres étaient loin, le terrain dépouillé. On n'y comprenait rien.

La nuit était noire, mais j'ai de bons yeux, comme tu sais, histoire d'avoir l'habitude de l'affût.

Et puis, la terre de la vigne est crayeuse et sa couleur blanchâtre.

A force de regarder autour du chien, j'ai deviné pourquoi il hurlait.

Il y avait des traces de pas toutes fraîches en cet endroit et que la pluie n'avait pas encore eu le temps de remplir et d'effacer.

A mon estime, il n'y a pas un quart d'heure que ces hommes, car ils sont au moins deux, ont passé par là.

Il pleut trop pour que ce soient des braconniers.

J'ai donné un coup de pied à Phanor en lui disant :

— Cherche! et tais-toi!

Phanor s'est remis en route et je l'ai suivi.

Il m'a fait faire ainsi le tour du château, le long des premiers arbres du parc.

De temps en temps il s'arrêtait et grondait sourdement.

Alors je comprenais qu'ils avaient passé par là.

Quand nous avons été près de l'olivette (1), Phanor a paru vouloir s'éloigner et tirer du côté de la montagne.

J'ai pensé qu'il n'était pas prudent d'aller plus loin, et je suis rentré.

— Est-ce tout ? demanda Jérôme.

— Non, fit le fermier.

— Ah !

— Neptune et Venus ne disaient rien, lorsque j'ai eu l'idée d'emmener la chienne à la place où s'était arrêté Phanor. Alors elle s'est mise à hurler, et depuis que nous sommes revenus, elle et Neptune font une vie d'enfer.

Le valet de chambre Jacques et Petit-Bijou le palefrenier assistaient, muets, à cet entretien du fermier et de Jérôme.

Petit-Bijou, qui avait commencé par avoir peur, car c'était un tout jeune homme de seize à dix-huit ans peut-être, était maintenant très-brave et s'appuyait crânement sur son fusil.

Le vieux Jacques, ancien soldat, ne disait rien ; mais son calme répondait de lui.

— Voyons, dit Jérôme, que penses-tu de cela, Nicolas ?

(1) Bois d'oliviers.

— Je pense que les pénitents noirs rôdent à l'entour.

— Crois-tu qu'ils oseront nous attaquer ?

— C'est bien sûr ; seulement on les recevra.

— Où sont tes fils ?

— Il y en a un qui est monté dans la grange et se tient derrière une lucarne ; il voit toute la partie du mur de la cour qui donne sur le clos. Quoi qu'il arrive, il verra les pénitents noirs d'avance.

— Et les autres ?

— L'un est sur le toit du pigeonnier, couché à plat ventre.

Le troisième est là-bas, derrière le hangar. De quelque côté qu'ils viennent, les pénitents noirs seront aperçus avant qu'ils aient atteint le pied du mur.

— Et les garçons de ferme ?

— Tu sais qu'il n'y en a qu'un ici.

— Et l'autre ?

— L'autre, Balthazar, est parti ce matin à Peyruis avec la charrette et les trois chevaux pour chercher du foin que j'ai acheté.

Comme il pleuvait, il aura couché là-bas.

Mais celui qui est resté est un solide gaillard qui en vaut deux à lui tout seul.

Tiens, il est là-haut.

Et le fermier montra un grand platane auprès du mur de la cour, dans les branches duquel le garçon de charrue faisait sentinelle.

Mais comme Jérôme s'avançait sur le seuil et suivait du regard le doigt du fermier, un coup de fusil se fit entendre, puis un second, et les chiens hurlèrent de plus belle.

— C'est Narcisse qui a tiré! dit Nicolas.

Narcisse était son fils aîné.

Au bruit des deux coups de feu, une fenêtre s'était ouverte au premier étage, et M. Jean de Montbrun s'était montré, disant :

— Qu'est-ce donc que tout ce vacarme?

XIV

Les deux coups de feu qui venaient d'être tirés avaient fait bondir M. Jean de Montbrun et l'avaient arraché à l'espèce de léthargie douloureuse dans laquelle il était plongé depuis le matin, c'est-à-dire depuis le départ de son frère et de sa nièce.

M. Jean de Montbrun n'avait pas cinquante ans, mais il avait les cheveux tout blancs et la barbe de même couleur.

Il paraissait dix ans de plus que son âge.

Ce soir-là on l'eût cru septuagénaire, tant il était affaissé.

Il était brouillé avec son frère.

Et pourquoi?

Parce que sa nièce, Mlle Marthe, avait eu l'audace d'avouer, nouvelle Juliette, qu'elle aimait le baron Henri de Vénasque, cet autre Roméo.

Parce que, au lieu de maudire sa fille, le père avait parlé de pardon.

M. Jean de Montbrun avait hérité de la haine de la famille pour les Vénasque, dans toute sa violence.

Il croyait à la culpabilité du grand Vénasque, bien que celui-ci eût été acquitté, et il disait en toute occasion que c'était lui qui avait assassiné son père, le vieux Montbrun.

Il l'avait dit le matin encore dans la scène des adieux, qui avait été tempêtueuse.

Et Marthe avait protesté, disant que les Vénasque n'étaient pas des assassins.

La colère du vieux gentilhomme avait bientôt fait place, son frère et sa nièce partis, à une sorte de prostration qui avait fini par se traduire par des larmes.

Il était demeuré seul, refusant de sortir de sa chambre et oubliant de souper.

Les domestiques du château l'avaient même vu si farouche qu'aucun n'avait osé lui adresser la parole.

Les deux coups de feu avaient donc arraché M. Jean de Montbrun à sa léthargie morale.

Il avait couru à sa fenêtre, criant :

— Qu'est-ce donc que tout ce vacarme?

— Ma foi! dit le vieux Jérôme à Martin Bidache le fermier, autant vaut que M. Jean sache tout.

Et il répondit tout haut :

— Monsieur, il va falloir prendre votre fusil, ce sont les pénitents noirs !

Ces mots produisirent sur le vieux gentilhomme un effet identique à celui du clairon résonnant tout à coup aux oreilles d'un vieux cheval de bataille depuis longtemps condamné à la charrue et qui se met à hennir joyeusement.

— Les pénitents noirs ! s'écria-t-il, les pénitents noirs ! Eh bien, on les recevra !

Ce fut l'histoire de quelques minutes.

Les fermiers, les domestiques, toute cette petite armée vaillante et dévouée vit soudain au milieu d'elle M. Jean de Montbrun, son fusil de chasse à la main et deux pistolets à sa ceinture.

Sa voix était nette et brève, son œil étincelant; il avait redressé sa grande taille un peu voûtée, et semblait avoir retrouvé toute l'énergie de la jeunesse.

— Qui donc a tiré ? demanda-t-il.

— C'est Narcisse, répondit le fermier.

Et l'on vit accourir Narcisse qui disait :

— Pour sûr, je l'ai touché.

— Qui ? demanda le vieux Jérôme.

— Le pénitent noir.

— Tu l'as donc vu ?

— Comme je vous vois... à cent pas... dans la vigne.

— Il était seul ?

— Il venait en éclaireur, sans doute, répondit le fils du fermier d'une voix haletante. Tout à coup il m'a vu sur le toit, et il s'est arrêté.

Puis il a donné un coup de sifflet.

— Et tu as tiré ?

— Oui ; mais comme je lâchais le doigt, il s'est baissé et j'ai dû le manquer de mon premier coup; mais, pour sûr, je l'ai touché du second.

— Mes enfants, dit alors M. Jean de Montbrun, les pénitents noirs reparaissent, c'est tout simple : il y a un Vénasque qui dit être amoureux de Mlle Marthe.

Ce fut un cri d'étonnement parmi les domestiques et les fermiers.

Le mot qui s'échappait enfin de la poitrine du vieux Montbrun lui donnait l'explication des événements de ces derniers jours.

La brouille des deux frères, le départ de l'un et de sa fille, tout cela devenait clair.

— L'oncle de ce misérable, poursuivit M. de Montbrun avec un accent de haine farouche, a assassiné mon père ; il est tout naturel que celui-ci veuille m'assassiner pour avoir ma nièce.

— Qu'il y vienne ! grommela le vieux Jérôme en serrant convulsivement la poignée de son fusil.

— Il faut toujours aller vérifier le coup de Narcisse, dit le fermier.

— Certainement, dit M. de Montbrun ; allons, en route.

— Et il faut emmener les chiens, riposta le vieux garde-chasse Jérôme.

La pluie avait un peu cessé, mais le vent faisait rage dans les arbres du parc, dont les branches craquaient avec des bruits lugubres.

Du moment où M. de Montbrun était avec eux, c'était à lui à commander, et non plus à Jérôme ou au fermier.

Le châtelain divisa sa troupe en deux.

Quatre hommes demeurèrent dans la cour, prêts à tout événement.

Quatre suivaient M. de Montbrun.

On avait ouvert un des battants de la porte de la cour.

Les chiens s'étaient élancés en avant.

Narcisse, qui les suivait, éclairant la marche, leur disait :

— Cherche, Neptune! cherche, Vénus!

Les chiens hurlaient en bondissant.

— Il est par ici, dit encore Narcisse.

Et il entra dans la vigne, qui s'étendait au midi jusque sous les murs du château.

La terre, nous l'avons dit déjà, était crayeuse et blanchâtre.

A peine les chiens étaient-ils arrivés à l'endroit où Narcisse croyait avoir envoyé son coup de fusil, qu'ils se mirent à hurler avec fureur.

Narcisse se baissa et reconnut des traces de pas.

— Prenez les chiens à l'attache! dit M. de Montbrun, et suivons-les.

Les chiens tiraient sur leur laisse et se mirent à entraîner Narcisse et le vieux Jérôme.

A dix pas plus loin, ils s'arrêtèrent un moment et redoublèrent leurs aboiements.

— Du sang! dit le fermier. Bien touché, Narcisse!

En effet, il y avait de larges taches de sang sur la terre crayeuse.

En même temps, les traces de pas devenaient plus profondes, ce qui était une preuve que l'homme qui avait pris la fuite marchait péniblement.

Au bout de la vigne, il y avait un bouquet d'oliviers.

Les chiens y entrèrent, toujours tenus en laisse, et ils continuèrent à hurler.

Tout à coup Narcisse jeta un cri.

Les chiens s'étaient jetés sur une masse noire

qui gisait à terre et se tordait dans les convulsions suprêmes de l'agonie.

. C'était le pénitent noir sur qui Narcisse avait fait feu.

— Halte! cria le vieux Montbrun.

Et alors, avec le sang-froid d'un général qui commande une retraite, il donna l'ordre de prendre cet homme à bras-le-corps et de l'emporter.

La nuit était trop noire pour qu'il pût savoir qui il était.

On ne songea même pas à le débarrasser de sa cagoule.

Le fermier, qui était robuste, le chargea tout pantelant sur ses épaules.

Puis on se replia sur le château au pas de course.

Tout le bruit qui s'était fait avait éveillé les femmes du château et celles de la ferme.

Elles poussèrent des cris lamentables.

— Paix donc! s'écria le vieux Montbrun.

Pendant qu'il courait, emportant le pénitent noir blessé, Martin Bidache avait senti diminuer peu à peu les convulsions du mourant.

Quand il entra dans la salle basse de la

ferme où les femmes avaient apporté de la lumière et qu'il l'eut déposé sur la table, comme sur celle d'un amphithéâtre, le pénitent noir ne bougeait plus. Il avait, en chemin, rendu le dernier soupir.

Alors il y eut un moment de sinistre anxiété.

Quel était cet homme?

On le débarrassa de sa robe, on releva la cagoule qui recouvrait son visage...

C'était un jeune homme de vingt-quatre à vingt-cinq ans peut-être...

Un jeune homme blond, à la barbe bien peignée, aux mains blanches, le corps couvert de linge d'une grande finesse.

Mais un jeune homme parfaitement inconnu de tous.

Ni le fermier, ni ses enfants, ni le vieux Jérôme, ni personne, ne se souvenaient l'avoir jamais vu.

Evidemment, ce malheureux qui venait de payer de sa vie cette tentative criminelle était étranger au pays.

— Oh! s'écria le vieux Montbrun avec un accent de rage, j'aurais donné volontiers les cent mille francs que je destinais à ma nièce pour que ce fût le Vénasque!

— Mais ce n'est pas lui ! murmura Jérôme avec un soupir.

Les femmes continuaient à se lamenter, et les hommes contemplaient avec une muette stupeur le cadavre, de la poitrine duquel s'échappait un flot de sang noir !...

XV

L'heure était trop solennelle, trop critique pour qu'on songeât à pénétrer cette lugubre énigme.

Il fallait se défendre avant tout, car il était évident que les pénitents noirs ne se tiendraient pas pour battus et voudraient venger la mort de leur compagnon.

Les murs de la cour étaient élevés ; mais on pouvait, avec des échelles, les escalader et les franchir.

La ferme, qui se trouvait dans cette enceinte, n'était pas plus à l'abri d'un coup de main.

Mais le château proprement dit avait de bonnes murailles, des fenêtres grillées au rez-de-chaussée, et une demi-douzaine d'hommes s'y seraient défendus pendant huit jours.

M. Jean de Montbrun donna donc l'ordre de faire entrer dans le château les femmes de la ferme.

Puis, cela fait, on barricada les portes, on s'abrita le fusil à la main derrière les fenêtres et on attendit.

La soirée s'avançait, la pluie ne tombait plus, et le ciel commençait à s'éclaircir.

Tout cela, du reste, était bon signe ; car si la nuit, de si noire qu'elle était, devenait claire, les pénitents noirs n'oseraient peut-être pas risquer une attaque.

En outre, les gens des fermes et des villages voisins entendraient plus facilement, l'orage apaisé, le bruit de la fusillade, si cette fusillade s'engageait, et ils s'empresseraient d'accourir.

Le vieux Jérôme disait :

— J'ai comme une idée qu'ils ne viendront pas cette nuit.

— Moi aussi, dit le fermier.

M. Jean de Montbrun secouait la tête et disait :

— Il y a un Vénasque parmi eux, et comme l'insolent aime ma nièce...

— Ah ! monsieur, dit Jérôme, êtes-vous bien sûr de cela?

— Qu'il aime ma nièce?

— Non, qu'il soit avec les penitents noirs.

— Certainement, il y est, il doit y être... c'est impossible autrement, répondit M. Jean de Montbrun avec un accent farouche.

— Moi, je n'ai pas ça dans mon idée non plus, répondit Martin Bidache. M. Henri de Vénasque n'est pas un voleur de grand chemin.

— Je sais ce que je dis, grommelait Jean de Montbrun. Ces misérables ont juré ma perte, parce que je suis un obstacle, mais ils n'auront pas ma vie gratis!

Les servantes, les femmes de la ferme étaient réunies dans la cuisine du château.

Les hommes s'étaient distribué les fenêtres des quatre façades.

On avait laissé les chiens dans la cour, mais il avait été convenu que s'ils se reprenaient à hurler et signalaient l'approche de l'ennemi, on se hâterait de les rappeler et de leur ouvrir pour les mettre à l'abri.

Quant au cadavre, il était resté étendu sur une table de la ferme.

Plusieurs heures s'écoulèrent.

La grande horloge à cage de chêne placée au premier repos de l'escalier du château sonna successivement trois heures du matin, puis quatre.

Les chiens n'avaient point hurlé; les sentinelles n'avaient rien aperçu, et le ciel, dépouillé enfin de ses nuages, avait laissé glisser la blanche lumière de la lune sur la campagne.

— Cette fois, dit Martin Bidache, je crois que nous pouvons aller nous coucher.

Dans une couple d'heures il fera jour.

— Et ce ne sera pas cette nuit que les brigands viendront, ajouta Jérôme.

— **Aussitôt** qu'il sera jour, reprit Martin Bidache, je m'en irai à Peyruis.

— Prévenir les gendarmes?

— Dame! nous ne connaissons pas l'homme que Narcisse a tué, mais peut-être qu'ils le connaîtront, eux.

— Et puis, dit M. Jean de Montbrun, il faut toujours faire une déclaration.

— Sans compter, reprit le fermier, que je suis inquiet de mon charretier. Voici quatre heures qu'il ne pleut plus, il aurait bien eu le temps de revenir.

— Père, cria le fils aîné du fermier, Narcisse, qui s'était placé à une fenêtre tout en haut de l'escalier, voilà votre charretier.

— Tu le vois?

— Pardine, si je le vois. Il a une lanterne et il entre dans l'allée de platanes.

Le fermier monta et rejoignit son fils.

L'allée de platanes était le chemin qui, partant de la grand'route, servait d'avenue au château.

A travers les arbres on voyait se mouvoir et avancer lentement une grande voiture de foin traînée par cinq chevaux.

— Il sera parti après la pluie, dit le fermier.

Et il ajouta, en regardant M. de Montbrun, qui l'avait suivi:

— Nous aurons toujours bien le temps de faire entrer la charrette dans la cour et de remiser les chevaux avant que les pénitents noirs arrivent, s'ils doivent venir.

— Rassure-toi, dit le vieux Jérôme; quand à deux heures du matin ils n'ont pas encore mis le feu quelque part, il n'y a plus rien à craindre.

Toutes ces paroles étaient de nature à calmer un peu les angoisses des assiégés.

On ouvrit la porte du château, puis on alla

ouvrir à deux battants celle de la cour pour que la charrette pût entrer.

Cependant ni le fermier ni personne ne quitta son fusil.

Un homme marchait en serre-file de l'attelage, le cordeau d'une main, le fouet de l'autre.

— Hé ! Balthasar, dit le fermier au moment où les deux premiers chevaux franchissaient le seuil de la cour, est-ce que tu as tout reçu ?

— Ce n'est pas Balthasar, père Bidache, repondit le charretier.

Alors le fermier stupéfait vit bien qu'il n'avait pas affaire à son charretier Balthasar, mais à un inconnu.

Pourtant, c'était bien sa charrette et ses chevaux.

Les chiens s'étaient remis à hurler.

Mais on crut qu'ils en avaient à cet homme, et le fermier leur donna un coup de pied à chacun.

Puis, s'adressant à l'homme qui lui ramenait son attelage :

— Qui es-tu, toi ? et où est Balthasar ? demanda-t-il avec émotion.

— Je suis le garçon d'auberge du Cheval-Blanc, répondit cet homme, qui était un grand et solide gaillard, et comme il est arrivé malheur à votre charretier...

— Malheur à Balthasar ?

— Oui, paraît qu'il s'est endormi en chemin et qu'il est tombé : la roue lui a passé sur la cuisse, à cent pas de notre auberge.

Nous l'avons entendu crier, et nous sommes accourus. Il n'est pas mort, mais il n'en vaut guère mieux... Alors le patron qui l'avait vu passer le matin, et qui connaît très-bien votre équipage, m'a commandé de vous le ramener et de vous venir prévenir.

Et je n'ai fait ni une ni deux, je suis venu.

Cette nouvelle avait quelque peu bouleversé le fermier.

Balthasar était presque un enfant de la maison ; il avait commencé par être berger à dix ou douze ans, et la fermière l'aimait comme son fils.

Les fils de Martin Bidache, qui étaient accourus pour remiser la charrette, apprirent le malheur.

Comme leur père, ils renvoyèrent à coups de pied les chiens, qui hurlaient sans doute après le garçon d'auberge.

Le jour était trop près, maintenant, pour qu'on eût à craindre les pénitents noirs.

M. Jean de Montbrun fut le premier à dire :

— Il faut rentrer vos chevaux, puis aller chercher ce pauvre garçon.

— Et prévenir les gendarmes, dit Narcisse, je m'en charge.

— Les gendarmes? fit le garçon d'auberge naïvement.

— Oui, dit le garde-chasse.

— Mais, tiens, dit encore le garçon d'auberge, vous venez donc tous de l'affût, que vous avez des fusils?

— De l'affût aux hommes, répondit Martin Bidache.

Et en quelques mots on le mit au courant.

— Jour de Dieu! fit-il, j'avais bien entendu dire ça, mais je ne croyais pas que ce fût vrai. Je ne suis pas du pays, moi, je suis Gavot.

— Alors tu ne croyais pas aux pénitents noirs?

— Ma foi non!

— Eh bien! va-t'en dans la cuisine, tu en verras un... il ne te fera pas de mal, il est mort...

....

Une demi-heure après, le fermier et deux de

ses fils partaient en charreton attelé d'un cheval, le bidet des jours de marché.

Ils devaient aller chercher le malheureux Balthasar, et pousser en même temps jusqu'à la prochaine brigade pour prévenir les gendarmes.

M. Jean de Montbrun, rassuré, avait ordonné aux femmes de s'aller coucher.

A cinq heures du matin, il n'y avait plus à craindre une attaque nocturne.

Le jour n'était pas loin, et l'aube ne tarderait pas à paraître.

Tous ces gens, habitués à la vie des champs, étaient brisés de fatigue, et Petit-Bijou, le palefrenier, s'était assis sur une pierre et dormait.

Comme il ne pleuvait plus, on avait laissé la charrette au milieu de la cour.

Le fermier et ses fils partis, les femmes couchées, M. de Montbrun regagna sa chambre.

Jérôme alla s'installer dans la cuisine de la ferme, se fit un lit d'une chaise et ne tarda pas à fermer les yeux.

Alors il se passa une chose étrange.

Les bottes de foin entassées sur la charrette s'agitèrent, se soulevèrent, et un homme, puis deux, puis dix se dressèrent au milieu du chargement et sautèrent lestement à terre...

C'étaient les pénitents noirs qui venaient de s'introduire dans la place à l'aide de cette ruse de guerre !

XVI

Le *Cheval-Blanc* était une auberge isolée sur la route des Alpes, en remontant vers Manosque.

Dans ce pays-là, les villages et les bourgs, assez éloignés les uns des autres, nécessitent l'établissement de ces hôtelleries de rouliers de distance en distance.

Un buisson de houx pend au-dessus de la porte, communément avec une enseigne ; une auge est placée devant la maison, pour que les chevaux qu'on n'a pas le temps de mettre à l'écurie puissent manger l'avoine, et, à l'intérieur, le voyageur trouve du vin, un morceau de viande et un lit.

Le Cheval-Blanc était situé à trois quarts de lieue du château de Montbrun.

L'aubergiste était un homme de mœurs irréprochables, déjà vieux, et qui n'avait pas d'enfants.

Sa femme et lui, une servante et un garçon d'écurie, formaient toute la maison.

Il était donc difficile de supposer que les pénitents noirs eussent parmi eux des complices, et certainement on a dû se demander comment ils avaient pu se cacher au nombre de sept ou huit personnes sous les bottes de foin de la charrette sans que l'aubergiste ou son domestique y prissent garde.

Pour expliquer ce fait à peu près inexplicable, il faut nous reporter au moment où le fils du fermier Martin Bidache, Narcisse, avait lâché ses deux coups de fusil.

Les pénitents noirs, en effet, avaient résolu d'attaquer cette nuit-là le château.

Les gens du *Pigeon-Noir* le savaient, et Jérôme ne s'était pas trompé.

Ils l'avaient engagé à rester pour le sauver.

Le capitaine avait dit, le matin, en tenant conseil dans la roche creuse:

— La demoiselle du château vient de partir, son père aussi, et il ne reste que le vieux Montbrun. J'ai des raisons qui m'auraient empêché d'attaquer le château si la demoiselle s'y était trouvée.

Ces paroles avaient fait ricaner celui des pénitents noirs que nous avons vu déguisé en colporteur.

Mais le capitaine lui avait imposé silence.

Dès huit heures du soir, les pénitents noirs rôdaient donc aux environs du château, lorsque les hurlements des chiens les avaient avertis qu'on y faisait bonne garde.

Un des leurs qui s'était un peu trop avancé avait reçu la balle de Narcisse.

Alors le capitaine, qui était caché avec ses hommes dans le petit bois d'oliviers, avait commandé la retraite.

— Ils sont prévenus, s'était-il dit, rien à faire aujourd'hui.

La petite troupe s'était donc repliée au pas de course jusque dans un ravin.

Puis, là, on s'était compté.

Il y en avait un de moins.

— Qui donc manque? avait demandé le capitaine.

Vérification faite, une voix avait répondu :

— C'est le Lorrain.

— S'il n'est pas ici, c'est qu'il est blessé.

— J'aime mieux qu'il soit mort, avait dit froidement le capitaine; il ne nous trahira pas.

— Mais on trouvera son corps.

— Qu'importe! il n'est pas du pays, comme plusieurs d'entre nous; on ne le reconnaîtra pas.

Et la petite troupe avait tenu conseil de nouveau.

— Si nous tentons de pénétrer de vive force dans le château, avait dit enfin le capitaine, nous serons reçus à coups de fusil; mais si nous remettons à un autre jour, nous courons risque d'y trouver une garnison de vingt ou trente gendarmes.

— Et les cent mille francs sont perdus! soupirait le patriarche.

Tout à coup, le capitaine, qui s'était assis sous un arbre pour se garantir un peu de la pluie, se leva :

— Venez avec moi, dit-il.

— Où allons-nous ?

— A l'auberge du Cheval-Blanc, répondit-il.

L'orage était si violent que la route était déserte.

Balthasar, le charretier de Martin Bidache, s'était arrêté au Cheval-Blanc dès les premières gouttes de pluie, et on avait remisé ses chevaux à l'écurie et sa charrette sous le hangar.

Le capitaine savait cela comme il savait bien des choses.

Son accent méridional disait assez qu'il était du pays.

Balthasar ne s'était pas laissé tomber sous la roue de la charrette; il était sain et sauf, et il buvait gaillardement un verre de vin avec un homme qu'il avait rencontré un peu plus loin, sur la route, et qui lui avait demandé à monter sur sa voiture.

L'aubergiste et sa femme étaient assis au coin du feu, et le valet d'écurie sommeillait sur une chaise un peu en arrière lorsque la porte s'ouvrit brusquement.

Les pénitents noirs, le pistolet au poing, firent irruption dans l'auberge.

Les aubergistes jetèrent un cri.

— Seigneur Dieu, dit la femme, nous sommes perdus!

Balthasar, qui était un garçon courageux, voulut s'armer d'un escabeau et se retrancha derrière la table.

Mais en ce moment l'homme qui lui avait servi de compagnon de voyage se jeta sur lui,

lui donna un croc en jambe et le terrassa.

Tout cela se fit en quelques minutes.

Balthasar fut garrotté et bâillonné; les deux aubergistes et le garçon d'écurie eurent le même sort.

— On ne veut pas vous faire de mal, dit le capitaine, et on n'en veut ni à votre vie, ni à votre bourse.

— Malheur! dit le colporteur, nous sommes des nobles et non des voleurs.

Le capitaine ricana sous sa cagoule:

— Nous avons peut-être bien des châteaux par ici, en cherchant bien.

Les quatre personnes garrottées, on les porta dans la cave et on les y enferma.

Puis on remit les chevaux à la charrette, et le capitaine prit à part le compagnon de route de Balthasar et lui fit sa leçon.

Cet homme, comme on l'a vu, était de connivence avec les pénitents noirs, et ceux-ci se furent bientôt blottis sous les bottes de foin dans le charreton.

Maintenant, dit le capitaine, nous sommes sûrs d'entrer à Montbrun cette nuit.

. . . .

On sait ce qui était arrivé ensuite.

M. de Montbrun s'était couché, les femmes aussi, et il n'était resté que le vieux Jérôme, qui n'avait pas tardé à s'endormir dans la cuisine du château.

Pendant ce temps, le fermier, deux de ses fils et le faux garçon d'écurie roulaient en charreton vers le Cheval-Blanc.

Le *charreton* est un véhicule essentiellement provençal. Ce n'est pas une charrette; c'est plus petit, plus léger, et il ne faut pas un grand cheval pour le traîner : mais c'est moins fin, moins élégant, moins commode que la tapissière.

Le fermier du Nord et du Centre a un cabriolet; le fermier du Midi se contente d'un charreton et s'y laisse brouetter cahin-caha.

Le faux garçon d'écurie racontait avec une bonhomie parfaite le malheur arrivé à ce pauvre Balthasar, et Martin Bidache fouettait son cheval, tant il avait hâte d'arriver.

A un kilomètre de l'auberge, le faux garçon d'écurie dit :

— Arrêtez un moment, père Bidache.

— Pourquoi ça?

— Voyez-vous cette vigne?

— Oui.

— Eh bien ! j'y ai tendu des piéges à grives, je vais leur faire une visite. Oh ! j'arriverai aussi vite que vous.

Et il sauta lestement en bas du charreton.

Martin Bidache ne devinait pas que cet homme se sauvait, et il continua à fouetter son cheval.

Bientôt le charreton s'arrêta à la porte de l'auberge.

L'auberge était fermée et on n'y voyait pas de lumière.

Martin Bidache frappa; on ne lui répondit pas.

Une sueur froide lui coula du front.

Balthasar était-il donc mort?

Le charreton avait une lanterne à son brancard. Un des fils du fermier s'en empara.

La porte n'était fermée qu'au loquet.

La lanterne à la main, Bidache et ses fils entrèrent. La salle basse offrait les traces d'une lutte.

Les chaises, les bancs, la table étaient renversés, et il y avait sur le sol des débris de verres et de bouteilles.

En même temps, des gémissements étouffés

sortant de dessous terre parvinrent aux oreilles des fermiers épouvantés.

La trappe de la cave était dans la cuisine.

On souleva cette trappe, on descendit dans la cave, et là, le mystère s'éclaircit à la vue des quatre personnes garrottées et bâillonnées.

— Ah! mon Dieu! s'écria Martin Bidache aux premières paroles de Balthasar délivré, ah! mon Dieu! et nous avons quitté le château!...

Le fermier et ses fils remontèrent en charreton, et, emmenant Balthasar, ils reprirent le chemin du château.

Mais comme ils arrivaient en haut d'une petite côte, car l'auberge était dans un pli de terrain, tous les quatre jetèrent un cri d'épouvante et de consternation.

Une lueur immense empourprait le ciel; des tourbillons de flamme et de fumée montaient sinistres à l'horizon...

C'était le château de Montbrun qui brûlait, allumé par la torche incendiaire des pénitents noirs!...

XVII

Les premiers pénitents noirs qui avaient sauté en bas de la charrette virent accourir en bondissant les deux molosses.

— Pas de coups de feu ! cria le capitaine.

Et il se rua sur l'un des chiens.

Le molosse lui sauta à la gorge; mais avec une adresse de torero espagnol, le capitaine lui jeta sa robe sur la tête et l'aveugla.

Le chien furieux se débattit, mais il ne fit plus entendre que des hurlements étouffés.

Le capitaine avait un poignard à la main.

Il frappa deux fois de suite, et le chien, atteint au cœur, tomba foudroyé.

Cette manœuvre avait sans doute été concertée longtemps à l'avance, car un autre pénitent noir s'était débarrassé par le même procédé du second chien.

Tout cela avait été si prompt que les gens de la ferme ne s'étaient pas réveillés.

Les pénitents noirs ressemblaient à des ombres plutôt qu'à des hommes, et leurs pas n'éveillaient aucun écho.

D'ailleurs, les gens de la ferme venaient de s'endormir, et rien n'est dur comme le premier sommeil.

Sur un signe du capitaine, les pénitents noirs se groupèrent sous le hangar, dans l'angle le plus obscur.

— Mes amis, dit-il, nous n'avons pas de temps à perdre, car le jour est proche. Que sommes-nous venus faire ici?

— Chercher les cent mille francs, pardieu! répondit le patriarche. Je sais où ils sont.

— Pas de bruit, répéta le capitaine.

— Oh! dit le colporteur, il faudra toujours bien en faire, tout à l'heure.

— Pourquoi?

— Pour enfoncer la porte du château qui est fermée.

— C'est inutile, dit le patriarche; venez avec moi, je sais un chemin.

Il y avait, en effet, un moyen de pénétrer dans le château sans briser ni portes ni fenêtres.

Mais ce moyen, il n'y avait qu'un homme ayant vécu dans la maison qui pût le connaître, et on sait que le patriarche s'était fait occuper à la ferme comme batteur en grange.

Ce moyen était, du reste, d'une grande simplicité.

Dans le Midi, pays de vignobles, la moindre habitation a sa cuve.

Chacun fait sa récolte et son vin.

La cuve, presque toujours en maçonnerie, est située dans la cave; mais elle a une ouverture au dehors, au niveau du sol.

Cette ouverture, qui sert à introduire les raisins foulés, est recouverte par une plaque en tôle.

La cuve du château avait son ouverture au nord, sous la façade opposée à la ferme.

Le patriarche avait expliqué son projet. On souleva sans bruit la plaque de tôle, et les pénitents noirs se laissèrent glisser l'un après l'autre dans la cuve, qui ne contenait plus que du marc de raisin desséché qui servit à amortir leur chute.

Une fois dans la cuve, rien n'était plus facile que de s'introduire dans l'intérieur du château.

La cuve avait une autre ouverture dans les caves; les caves avaient deux issues :

L'une qui se trouvait sous l'escalier même;

l'autre qui communiquait avec la cuisine par une trappe placée dans un coin.

Ce fut ce dernier chemin que prirent les pénitents noirs.

Le patriarche avait allumé une lanterne sourde et il guidait la marche.

Il souleva la trappe avec sa tête, puis avec ses épaules, et il sortit à moitié le corps, puis il s'arrêta pour regarder.

Le vieux Jérôme, assis sur une chaise, son fusil entre les jambes, s'était endormi.

Le patriarche fit un signe au capitaine, qui monta auprès de lui sur la même marche d'escalier.

Alors le capitaine approcha ses lèvres de l'oreille du vieillard :

— Il est inutile de verser du sang quand on peut faire autrement, dit-il. Tiens la trappe tirée et prends garde qu'elle ne retombe !

Jérôme dormait toujours.

Alors le capitaine fit un bond vers lui, s'empara du fusil, qu'il passa à un autre pénitent noir, et, saisissant Jérôme à la gorge, il lui appuya son poignard sur la poitrine.

Éveillé en sursaut, Jérôme n'eut pas le temps de pousser un cri.

Une main l'étreignait et une voix lui disait :

— Si tu cries, tu es mort !

Néanmoins le courageux vieillard essaya de se débattre.

Mais ses cris étouffés ne franchirent point les murs de la cuisine.

Il fut terrassé et bâillonné comme le garçon charretier Balthasar, et le patriarche dit :

— Il faut le jeter dans la cave.

— Pourquoi diable aussi, fit le colporteur qui riait sous sa cagoule, ne veut-on pas que Mlle Marthe épouse son bien-aimé ?

Tout cela s'était accompli rapidement et sans bruit.

Le patriarche guidait toujours les pénitents noirs, qui marchaient silencieux comme des fantômes, et il les conduisit au premier étage.

C'était là qu'était la chambre de M. de Montbrun.

Il s'était enfermé en se couchant.

Le capitaine frappa.

Le vieillard réveillé en sursaut cria :

— Qui est là ?

— Je ne voudrais pourtant pas tuer *mon oncle*, ricana le capitaine.

Puis, à travers la porte :

— C'est moi, Jérôme.

Le vieillard en chemise vint ouvrir. Il n'avait pas même allumé un flambeau.

Aussitôt on se rua sur lui, on lui jeta une robe sur la tête et ses cris furent étouffés.

Le valet de chambre qui couchait dans une pièce voisine eut le même sort.

Il n'y eut que Petit-Bijou, qui couchait tout en haut, qui n'entendit rien.

M. de Montbrun, lié, garrotté, un mouchoir dans la bouche en guise de bâillon, avait été jeté sur son lit, côte à côte avec le domestique.

Alors le capitaine, qui riait toujours sous sa cagoule, lui dit :

— Ah! tu ne veux pas que j'épouse ta nièce? Eh bien! j'aurai toujours tes cent mille francs.

Si le regard tuait, M. de Montbrun, réduit à l'impuissance, eût foudroyé celui qu'il croyait être le baron de Vénasque; mais on ne meurt pas d'un regard, si chargé de haine et de mépris qu'il soit.

Les indications du patriarche étaient exactes. On força le secrétaire, dont on ne s'amusa pas à chercher la clef; on trouva le tiroir à double fond et les cent mille francs en or.

— Maintenant, filons, dit le capitaine.

Alors le colporteur s'approcha de lui et le prit à part.

— Est-ce que nous nous en allons comme ça ? lui dit-il.

— Sans doute, avons-nous besoin de tuer ?

— Mais, capitaine de mon cœur, ricana le colporteur, puisqu'il ne veut pas que tu épouses *sa nièce !*

— Ah ! c'est juste, dit le capitaine.

Puis, plus bas :

— Mais, si je le tue, qui donc m'accusera ?

— Le domestique, parbleu !

— Tu as raison.

Et le capitaine fit un pas vers le lit :

— Hé ! Jean de Montbrun, dit-il, si je te laissais vivre, tu me refuserais ton consentement !

Le vieillard se secoua avec fureur sur son lit, essayant de briser ses liens.

Alors le capitaine prit un pistolet à sa ceinture, fit feu, et le vieillard retomba sur son lit, la mâchoire fracassée…

Le coup de pistolet tiré, il fallait déserter, car les gens de la ferme s'éveillaient.

Petit-Bijou avait couru à une fenêtre et criait au secours.

Les pénitents noirs descendirent comme une avalanche, firent irruption dans la cour et jetèrent une torche allumée dans le grenier à fourrage.

Il n'y avait qu'un homme à la ferme, l'autre valet de charrue.

Il sortit en chemise et fit feu bravement deux fois. Mais les balles n'atteignirent personne.

Les pénitents noirs avaient gagné la campagne, et la fumée s'élevait en noirs tourbillons des greniers à fourrage.

— Ah! mon capitaine, dit alors le colporteur en riant, convenez que j'ai rudement bien fait de passer ma nuit chez le passeur de Mirabeau et que je vous ai fourni de fiers renseignements!....

XVIII

Quittons maintenant les bords de la Durance, théâtre des sinistres exploits des pénitents noirs, et transportons-nous à Aix, la vieille capitale du vieux royaume de Provence.

Aix est une ville spacieuse et triste, où règne un grand air de mélancolie.

L'herbe y pousse dans les rues; les hôtels, grands comme des palais, sont à peine habités; les promenades plantées de beaux arbres sont désertes.

C'est une ville qui a eu son passé et qui le regrette, comme Versailles; le présent et l'avenir lui semblent indifférents.

Après avoir été capitale, elle est sous-préfecture.

C'est un général mis à la retraite et devenu percepteur.

Il y a cependant un beau cours, et un quartier qui n'a rien à envier à Versailles : le quartier Saint-Jean.

Il y a là des hôtels dont les jardins ont un hectare et dont les escaliers sont en marbre comme à Venise.

La plupart, du reste, ne sont habités que trois mois de l'année, depuis Noël jusqu'à Pâques.

Tout le reste du temps, on voit un vieux suisse ouvrir les portes deux fois par jour et les fenêtres une fois par semaine, afin de donner de l'air.

Puis tout rentre dans le silence.

L'hôtel de la famille Montbrun de Sainte-Marie était un de ceux-là.

Il y avait même des années où le vieux suisse passait l'hiver tout seul, car la famille ne quittait pas son manoir des bords de la Durance tous les ans.

Ce suisse-là était un brave homme qui avait connu trois générations de Montbrun.

On le nommait le père Mathusalem à Aix, tant il était vieux.

Il avait enterré trois femmes, et il venait d'en épouser une quatrième, dont il aurait pu hardiment être le grand-père, sinon le bisaïeul.

Il s'appelait Jean Raymond de son vrai nom, mais le sobriquet de Mathusalem lui était resté.

Or donc, l'antique vieillard et sa nouvelle femme étaient assis au coin du feu, un soir, dans une loge qui était aussi vaste qu'un salon, car tout était monumental dans l'hôtel, et ils se tenaient bien tranquilles, le mari lisant, la femme travaillant à un ouvrage d'aiguille, quand un bruit insolite se fit entendre.

Ce bruit n'était autre que le roulement d'une voiture s'arrêtant à la porte.

Nous disons insolite, car jamais personne ne

s'arrêtait en l'absence des maîtres, lesquels étaient presque toujours absents.

Et puis, à Aix, les visites se font à pied ou en chaises à porteurs, presque jamais en voiture.

Les voitures sont pour les promenades *extra muros*.

Enfin, il n'était pas probable qu'on vînt visiter MM. de Montbrun-Sainte-Marie, puisqu'ils n'étaient pas en ville.

Mathusalem et sa femme se regardèrent donc avec étonnement.

En même temps la sonnette tinta.

Le vieux suisse alla ouvrir le guichet de la petite porte d'abord, puis la petite porte elle-même, et demeura planté sur ses pieds comme un homme qui vient d'éprouver une stupéfiante surprise.

La voiture qui s'était arrêtée à la porte était la chaise de poste, non moins antique peut-être que Mathusalem lui-même, qui servait deux fois par an à transporter les hôtes du château de Montbrun à Aix, et à les y ramener.

Or, jamais les messieurs de Sainte-Marie et leur nièce n'entreprenaient un pareil voyage sans écrire au moins huit jours à l'avance ; et il fallait aussi tout ce temps-là pour qu'on préparât les appartements et qu'on les aérât.

Mathusalem avait donc failli tomber à la renverse, en apercevant la chaise de poste chargée de malles et de paquets et attelée de deux bons chevaux un peu lourds et couverts de grelots sonores, et M. Joseph de Montbrun qui lui criait :

— Mais ouvre donc la grand'porte, Jean !

Il eût fallu rien moins que ces paroles pour arracher le vieux suisse à sa léthargie.

Il fit donc jouer les grandes barres de fer qui retenaient à l'intérieur les battants de la porte, et les deux vantaux s'ouvrirent à la fois.

Alors la chaise de poste entra dans la cour, et Mlle Marthe sauta lestement à terre la permière. Le père et la fille étaient accompagnés d'un valet de chambre et d'une femme de chambre seulement.

Le suisse, qui ne revenait pas de son étonnement, s'écria :

— Mais où est donc M. Jean ?

— Eh bien, répondit le père de Marthe en riant, il est resté à Montbrun. Y a-t-il donc là, mon pauvre ami, de quoi t'étonner si fort que tu nous regardes comme si nous étions des revenants?

— Mais... c'est que... balbutia le suisse, je n'étais pas prévenu...

— Cela est vrai. Avant-hier encore nous ne songions pas à revenir.

Et, parlant ainsi, M. de Montbrun était entré dans le vaste salon du rez-de-chaussée, dont Mathusalem s'empressait d'ouvrir les quatre fenêtres.

Tout à coup, Mathusalem se frappa le front comme un savant qui vient de trouver enfin la solution d'un problème.

— Ah! dit-il, je comprends, excusez-moi, monsieur.

— Que comprends-tu? demanda M. de Sainte-Marie.

— C'est à cause de mademoiselle...

Et Mathusalem jeta un regard pensif du côté de la porte.

Marthe était demeurée dans la cour, occupée à faire décharger les bagages.

— Si tu comprends, dit M. de Sainte-Marie, tant mieux pour toi; mais moi, je ne comprends rien ni à ton étonnement, ni à tes paroles.

— Je voulais dire, monsieur, reprit Mathusalem, que vous avez pensé que mademoiselle serait plus en sûreté ici qu'à la campagne.

— En sûreté !

— Oui, monsieur.

— Mais ma fille ne court aucun danger, j'imagine.

Cette fois Mathusalem fit un pas en arrière, et son air étonné redoubla.

— Mais, monsieur, dit-il, vous devez pourtant bien savoir ce qui se passe?

— Et que se passe-t-il donc ?

— Dans huit jours tout sera à feu et à sang !

— Où cela?

— Ici, aux bords de la Durance, dans la France entière, répondit le suisse.

M. de Montbrun regarda son vieux serviteur et sembla se demander si le bonhomme n'avait pas perdu la raison.

Mathusalem reprit :

— Madame est débarquée depuis huit jours.

— Madame qui? demanda M. de Sainte-Marie.

— Madame ! répéta le suisse.

M. de Sainte-Marie tressaillit.

Madame, c'était la duchesse de Berri qui venait essayer de reconquérir le trône de son fils.

Les Montbrun de Sainte-Marie, tout gentilshommes qu'ils étaient, n'avaient jamais été des royalistes endurcis. Ils avaient même toujours eu un penchant pour les idées libérales, et le nouveau régime ne leur déplaisait pas.

Ils vivaient donc en dehors des coteries légitimistes qui s'agitaient à Aix depuis 1830 et ne savaient rien par conséquent, car les journaux s'étaient bien gardés de parler de l'événement dont tout le Midi s'entretenait depuis huit jours.

Cet événement, c'était le débarquement furtif de la duchesse de Berri, partie avec une poignée de fidèles par le *Carlo-Alberto*.

Cette nouvelle avait couru comme une traînée de poudre.

L'autorité, mise en éveil, poursuivait la duchesse, qui, disait-on, se dirigeait vers Bordeaux.

Une foule de jeunes gens appartenant aux premières familles du Midi étaient partis précipitamment pour la rejoindre et grossir le nombre de ses partisans.

M. Joseph de Sainte-Marie et son fils apprenaient tout cela en arrivant à Aix.

Ils étaient partis de Montbrun le matin et avaient passé au bac de Mirabeau.

Là, deux paysans qui étaient sur le bateau avaient parlé des pénitents noirs.

M. de Sainte-Marie avait haussé les épaules.

La nouvelle de l'incendie, dont le pasteur Dufour avait été victime, ne s'était pas encore répandue, et M. de Sainte-Marie crut qu'il s'agissait de quelque vieille histoire.

Les pénitents noirs n'apparaissaient, du reste, qu'aux époques de troubles politiques ; or, on comprend maintenant les paroles mystérieuses prononcées par le capitaine des pénitents noirs : La *personne* est débarquée.

La personne, c'était Mme la duchesse de Berri, et cela prouvait que, personnages politiques ou bandits, les pénitents noirs étaient au courant des événements qui allaient surgir.

Et lorsque M. de Sainte-Marie eut appris tout cela, non plus de la bouche du vieux Mathusalem, mais de celle de plusieurs personnes qu'il rencontrait au cercle qui est le jockey-club d'Aix en Provence, il revint précipitamment à l'hôtel et dit à sa fille :

— Nous avons eu tort de laisser ton oncle à Montbrun....

Un sinistre pressentiment l'agitait.

FIN DE LA PREMIÈRE PARTIE.

DEUXIÈME PARTIE

I

Six mois s'étaient écoulés depuis les derniers événements que nous venons de raconter.

Les pénitents noirs avaient disparu, et beaucoup plus tôt qu'on ne l'espérait, si nous nous en rapportons à cette conversation qui avait lieu, un dimanche soir de la fin d'avril, dans un cabaret du petit village de Cadarache, sur la rive gauche de la Durance.

Trois hommes étaient assis autour d'une table, et buvaient à petits coups un pichet de vin blanc.

Deux de ces trois hommes étaient de vieilles connaissances :

L'un n'était autre que le passeur Jean Bartalay, qui s'était fait remplacer au bac de Mirabeau pour la journée afin de venir voir sa famille ;

L'autre était le braconnier de profession que nous avons entrevu au début de ce récit et qu'on avait surnommé le *cassaïre*.

Enfin le troisième était l'aubergiste lui-même, le père Bonnet, l'homme qui tenait depuis bientôt quarante ans un registre-journal dans sa mémoire de tout ce qui se passait dans la contrée et qui avait la tête la mieux fournie d'anecdotes, la langue la plus prolixe de tous les environs.

Le père Bonnet savait tout, avait tout vu, et il ne s'était jamais commis un crime dans le pays qu'il n'eût trouvé le moyen de se faire assigner comme témoin.

— Eh bien ! cassaïre, disait Simon, te rappelles-tu de la nuit que tu as passé chez moi, au mois d'octobre dernier?

— Je m'en souviens, répondit le cassaïre.

— Tu n'avais pas voulu croire aux pénitents noirs, ce soir-là !

Le cassaïre eut un geste naïf qui voulait dire :

— Tu avais raison, et je le confesse.

— Ça n'empêche pas qu'il n'ont pas fait grand mal, cette fois-ci, dit le père Bonnet; à peine si on les a vus.

— Eh! dit Simon, ils ont brûlé le pasteur Dufour.

— Il ne l'avait pas volé, celui-là, dit le cassaïre.

— Ils ont mis le feu au château de Montbrun.

— Oui, mais il n'y a eu de brûlé que la grange.

— Et ils ont assassiné M. Jean de Montbrun.

— Qui n'en est pas mort.

— Pour de la chance, c'en est ça, dit Simon, il a reçu une balle à travers la tête!

— Qui lui a fracassé la mâchoire et est sortie derrière la nuque.

— Et il s'en est tiré?

— C'est-à-dire qu'il est guéri maintenant.

— Mais enfin, dit Simon, que sont devenus les pénitents noirs?

— Vous saurez que le lendemain, répondit le père Bonnet, il est arrivé des gendarmes de tous les côtés et qu'on les a poursuivis dans le Lubéron.

Ils se sont battus, de gorge en gorge, de rocher en rocher; ils ont tué au moins dix gendarmes et on leur a tué cinq hommes, mais les autres ont filé et jamais on ne les a revus, surtout leur fameux capitaine, acheva le père Bonnet.

— Mais les cinq hommes tués, on les a reconnus?

— On en a reconnu deux, c'étaient deux hommes de Venelle qu'on n'aurait jamais soupçonnés, par exemple!

— Et les trois autres?

— Des étrangers, ce qui prouve bien que c'étaient tous des voleurs et des bandits, et non pas des gens qui se battaient pour la politique et la religion.

— Cependant, observa Simon, ils ont commencé par le pasteur Dufour, qui n'avait guère d'argent.

— Je ne dis pas, mais ils ont fini en volant cent mille francs à M. de Montbrun.

— C'est-y vrai, fit le cassaïre, que M. de Montbrun a reconnu le capitaine?

— On le dit.

— Alors il l'a dénoncé?

— Non.

— Pourquoi?

Et Simon fit cette question en tremblant.

— Je ne sais pas moi, dit le père Bonnet. On dit tant de choses depuis six mois !

— Qu'est-ce qu'on dit donc encore?

— Pardine, on dit que le capitaine des pénitents noirs est M. Henri...

Simon tressaillit.

— M. Henri de Vénasque? dit-il.

— Pardine!

— Eh bien?

— Simon, mon ami, tu te gausses de nous en ce moment.

— Moi!

— Tu en sais même plus long que nous là-dessus.

— Ce qu'il y a de vrai toujours, reprit le cassaïre, c'est que huit jours avant qu'on n'entendît parler des pénitents noirs, on a vu partir M. Henri pour un voyage. Tu le sais bien, toi, Simon, puisqu'il était dans la diligence.

— Certainement je le sais.

— Et il n'est plus revenu depuis ce temps-là.

— Oui, dit Simon du ton d'un homme qui

affirme une chose dont il est loin d'être sûr, mais je sais où il est allé.

— Ah! tu le sais! ricana le cassaïre.

— Parbleu! dit Simon, ça n'est pas un mystère. M. Henri est allé rejoindre la duchesse de Berri qui venait de débarquer; il l'a accompagnée en Vendée; il s'est battu à ses côtés, et peut-être bien a-t-il été tué à l'affaire de la ferme de la Pénissière, car depuis ce temps-là on n'a plus de ses nouvelles.

— Et qui t'a dit tout cela?

— Le vieux Raymond, l'intendant du château de Belle-Roche.

— Ah! ah!

— Il paraît même que Mlle Ursule est comme une folle depuis un mois.

Le père Bonnet cligna de l'œil.

— Si vous voulez que ça soit comme ça, dit-il, je le veux bien, moi.

— Mais c'est que c'est la vérité, murmura Simon, de moins en moins sûr de ce qu'il avançait.

— Après ça, c'est possible, dit le cassaïre d'un ton moqueur.

— Tenez, père Bonnet, reprit Simon, écoutez donc un instant, s'il vous plaît.

— Parlez.

— Tout à l'heure, est-ce que vous ne disiez pas que les pénitents noirs, cette fois, ce n'avait été que des voleurs et des assassins ?

— Comme toujours.

— Oui, mais les autres fois la politique en était.

— Je ne dis pas.

— Et il n'y en avait pas cette fois ?

— Pas ça, dit le père Bonnet en plaçant son ongle sous sa dent et la faisant claquer.

Alors vous voyez bien que tout ce qu'on dit est absurde. M. Henri n'est pas un voleur.

Le cassaïre eut un rire silencieux.

— Oh ! je ne dis pas, reprit l'aubergiste, que ce soit pour voler qu'il soit allé à Montbrun. Seulement, il fallait bien donner un os à ronger à tous ces honnêtes seigneurs qui lui donnaient un coup de main.

— Bah ! fit Simon, qui voulait protester jusqu'au bout, je ne dis pas que les Montbrun et les Vénasque ne se soient détestés dans l'ancien temps. Mais c'est comme quand on a accusé l'oncle de M. Henri.

— Oh ! pour ça, dit le père Bonnet, je suis de ton avis, Simon.

— Ah !

— Le grand Vénasque était innocent.

— Vous en convenez !

— Je l'ai toujours dit.

— Alors, reprit Simon, puisque c'est comme ça, qu'est-ce que vous voulez que M. Henri....

— M. Henri était amoureux de Mlle de Montbrun.

— On a dit ça aussi.

— Et comme le vieil oncle résistait....

Simon haussa les épaules.

— Puisqu'on prétend qu'il a reconnu le capitaine, dit-il, si c'était M. Henri, il se serait empressé de le dénoncer.

— C'est tout le contraire.

— Hein ?

— C'est des braves gens les messieurs de Montbrun.

— Je ne dis pas non.

— C'est pour ça que M. Jean n'aura rien dit, et puis à cause de sa nièce.

— Voilà la vérité, dit le cassaïre.

— Oh ! toi, dit Simon avec humeur, tu es toujours prêt à tomber sur M. Henri.

— Pas plus que les autres.

— Et je sais pourquoi, moi.

— Ah ! tu le sais ?

— Parce qu'il t'a défendu d'aller lui prendre ses lapins.

— Je me moque de ses lapins, dit le cassaïre avec colère ; mais au lieu de chercher à nous entortiller, toi, pour nous innocenter ton M. Henri qui est un bandit...

— Tais-toi.

— Tu ferais mieux de dire la vérité.

— Je la dis aussi.

— Farceur !

Simon tressaillit.

— Est-ce que tu n'as pas passé les pénitents noirs la nuit où ils ont été brûler le pasteur Dufour ? continua le cassaïre.

— Il l'a bien fallu, répondit Simon qui se troubla.

— Est-ce que tu n'a pas parlé au capitaine ?

— Je ne le connais pas.

— Tarare ! Malheureusement pour toi, il y a un homme qui t'a vu lui parler.

— Ah !

— C'est le *Gavot*, le conducteur de la diligence.

— Après ça... c'est possible...

Et Simon était devenu tout pâle.

— Prends garde qu'on ne t'assigne un de ces jours, acheva le cassaïre, car une fois que tu seras devant la justice, il faudra bien que tu parles.

— Je n'ai peur de rien, dit Simon.

Et, reprenant son bâton, il ajouta :

— Voici qu'il est approchant trois heures, j'ai un joli bout de chemin à faire. Bonsoir...

Et il s'en alla en soupirant :

— Il n'y a pas à dire, mais tout le monde sait à présent que le capitaine des pénitents noirs, c'était M. Henri.

II

Simon Bartalay avait essayé vainement, comme on a pu le voir, de faire passer dans l'esprit des autres une conviction qu'il n'avait pas lui-même. Tout ce qu'il savait, tout ce qu'il avait vu et entendu dire ne lui démontrait que trop qu'il chercherait vainement à l'abuser lui-même.

Evidemment, cet homme qui lui avait dit, du fond de sa cagoule et d'une voix gutturale, sur le pont de son bateau : « Prends garde d'avoir la langue trop longue, » cet impétueux capitaine qu'on recherchait en vain depuis six mois, c'était M. Henri de Vénasque.

Et Simon, qui avait pour ce vieux nom et cette famille une vénération qui lui avait été transmise par ses aïeux, jadis vassaux et serviteurs de Vénasque, Simon s'en allait tristement et se disait :

— Pourvu qu'il n'ait pas l'imprudence de revenir !

A neuf heures et demie du soir le passeur était de retour à son bac et rendait la liberté à l'homme qui l'avait remplacé et qui était un de ses cousins.

L'été s'approchait à grands pas, et les soirées étaient chaudes déjà comme au mois de juin.

Il ne faisait pas clair de lune, mais la nuit avait cette transparence lumineuse dont les pays chauds n'ont jamais transmis le secret aux régions du Nord.

Simon, au lieu de se coucher ou de s'enfermer dans sa maison, alla s'asseoir sur un petit monticule qui dominait la vallée et lui permettait de voir aussi bien sur une rive que sur l'autre.

C'était presque un poëte, cet homme illettré et grossier. Il aimait la solitude, les nuits étoilées et silencieuses, et vivant avec lui-même à peu près toujours, il se fût passé complétement du commun des hommes.

Il fumait donc tranquillement sa pipe sur la petite colline, les yeux aux étoiles, quand il lui sembla qu'un singulier bruit traversait l'espace et dominait le clapotis de la Durance sur son lit de rochers.

Ce n'était ni un coup de sifflet, ni un cri de chouette, ni un houhoulement de hibou, mais quelque chose qui tenait de tout cela.

On eût dit une voix humaine empruntant des intonations bestiales pour tromper les hommes.

Simon avait de bons yeux, des yeux habitués depuis longtemps à l'obscurité, comme tous les hommes, du reste, qui ont une occupation nocturne régulière. Or, comme ce cri inconnu qu'il avait entendu venait de l'autre rive, il se mit à examiner au delà du fleuve la route du bord, puis chaque tronc d'arbre, chaque touffe de saule ou d'osier.

Tout à coup il lui sembla qu'une forme humaine glissait au travers.

Simon regarda plus attentivement encore, et bientôt il n'eut plus de doute.

C'était bien un homme qui errait au milieu des oseraies et faisait de temps à autre entendre ce singulier cri.

Simon pensa :

— C'est quelqu'un qui veut passer et qui, ne voyant pas de lumière dans ma maison, s'imagine que je suis couché.

On s'en souvient, Simon ne se dérangeait pas volontiers pour une seule personne.

Les deux sous d'un passager ne le tentaient guère.

Mais ce cri si extraordinaire avait sans doute réveillé en lui de vieux souvenirs, car il descendit à son bac et détacha son bateau.

La forme humaine allait toujours d'un arbre à l'autre, et quand elle vit le bateau qui glissait sur la Durance, elle s'arrêta.

Simon la vit s'asseoir sur le bord.

Chose bizarre ! Jamais le passeur n'avait viré avec plus d'ardeur à son cabestan.

Le bateau aborda.

Alors la forme humaine se redressa, fit un bond, et un homme tomba auprès de Simon dans le bateau, lui disant :

—J'avais peur que tu n'eusses oublié ma manière de t'appeler autrefois. Vite, mon bon Simon, passe moi.

— Je suis venu pour cela, monsieur le baron, répondit Simon avec une froideur contenue.

Et sans dire un mot de plus, il se mit à rouler sa corde, et le bateau reprit le large.

Le passager, debout, semblait regarder l'autre rive avec anxiété.

— La Durance est grosse, n'est-ce pas? dit-il.

Comme à l'ordinaire, répondit Simon.

— Tu es bien taciturne, ce soir, Simon!

— Il y a des jours comme ça, monsieur Henri.

Et Simon ne parut pas vouloir engager la conversation avec M. le baron Henri de Vénasque, car c'était bien lui qui revenait enfin.

La Durance traversée, Simon voulut saluer le jeune homme et le laisser sur la rive.

Mais Henri de Venasque lui dit :

— As-tu un verre de vin chez toi ? je meurs de soif.

— A votre service, répondit Simon.

Et il se dirigea vers la maison.

Henri le suivit.

Quand il eut allumé une chandelle, Simon regarda le jeune homme.

M. Henri avait maigri, ses yeux étaient caves et tout son visage portait l'empreinte de souffrances longues et mystérieuses.

Il avait, en outre, au dessous de l'œil gauche une profonde cicatrice qui ressemblait à un coup de sabre ou de lance.

Enfin, l'élégant cavalier d'autrefois était vêtu comme un paysan des Alpes, portait une blouse bleue avec une veste de gros drap vert et cachait son front sous un grand bonnet rayé.

Simon, dont la froideur n'était pas sincère et qui se sentait toujours entraîné vers le jeune homme par une sympathie vraie, Simon attacha sur lui un regard de douloureuse compassion.

— Tu me trouves changé, n'est-ce pas? dit M. Henri de Vérasque.

— Oh! ça ne m'étonne guère, dit Simon.

— J'en ai vu de rudes depuis six mois, continua Henri, et tu es le premier ami à qui je parle depuis quarante-cinq jours que je marche sans presque m'arrêter.

— Vous venez de loin? demanda Simon.

— De l'autre bout de la France.

— Ah!

— De la Vendée ; je m'y suis battu. Vois-tu cette cicatrice ? Eh bien, on m'a laissé pour mort sur le champ de bataille.

— Vraiment! dit Simon.

Et il ne manifestait qu'un étonnement médiocre, et sans doute il se disait à part lui :

— Vrai, je sais par avance tout ce que tu vas me dire; c'est la petite histoire arrangée au château de Belleroche par ta tante et le vieux Raymond. Connu!

Henri, qui ne pouvait deviner les réflexions mentales de Simon, poursuivit :

— Tel que tu me vois, j'ai été condamné à mort..., et il ne faudrait pas, en ce moment, que je tombasse aux mains des gendarmes.

— Je suis de votre avis, monsieur Henri.

— On dit bien qu'il y aura une amnistie prochainement, et j'en suis même à peu près sûr; mais si on me prenait auparavant...

— On vous guillotinerait?

Henri eut un geste d'indignation.

— Oh! dit-il, est-ce que tu es fou, mon pauvre Simon?

— Dame!

— On guillotine les voleurs et les assassins; mais les soldats, on les fusille.

Simon baissa la tête et se tut.

Henri poursuivit :

— Du reste, si je ne me montre pas le jour par ici, on ne m'y cherchera pas. Tout le monde me croit en Vendée.

— Ah ! fit Simon.

— Et même, acheva Henri, il va falloir que tu me donnes l'hospitalité une couple d'heures, car je ne veux pas arriver au milieu de la nuit pour éviter une émotion à ma pauvre tante.

Raymond est toujours levé avant le jour ; je le sifflerai et il viendra m'ouvrir sans bruit la petite porte du jardin.

— Vous pouvez rester ici, dit froidement Simon.

Cette fois M. Henri de Vénasque ne put s'abuser plus longtemps.

Le passeur était avec lui d'une froideur glaciale.

Quel crime avait-il commis à ses yeux ?

Et, l'interpellant brusquement :

— Sais-tu que tu me reçois froidement? dit-il.

Simon baissa la tête et ne répondit pas.

III

M. Henri de Vénasque était stupéfait.

Simon lui avait toujours témoigné jadis un respectueux attachement.

Que signifiait donc ce revirement inattendu?

Le passeur ne paraissait pas disposé à lui donner des explications, et la fierté du jeune gentilhomme se trouvait blessée de ce silence.

Cependant il eut sans doute poussé Simon dans ses derniers retranchements sans une circonstance inattendue.

Un bruit traversa l'espace.

C'était le cornet à piston du conducteur de la diligence qui arrivait des Alpes et venait de s'arrêter sur l'autre rive de la Durance.

— Excusez-moi, mons'eur Henri, dit Simon, qui parut accueillir le bruit avec joie, mais le service avant tout, comme on dit.

— Soit, répondit Henri; mais quand tu reviendras, tu me diras...

— Ah! dit brusquement Simon, il est possible que vous me trouviez changé..... mais..... vous savez bien pourquoi.....

Et, comme si ces dernières paroles lui eussent déchiré la gorge, il sortit avec précipitation.

Cependant, après avoir fait quelques pas dehors, il revint tout à coup, et, d'une voix émue :

— Monsieur Henri, dit-il, le conducteur qui descend cette nuit, c'est le Gavot.

— Eh bien ?

— Si vous ne voulez pas qu'il vous voie, car il entre presque toujours ici boire un verre de vin, montez là-haut dans ma chambre.

Henri tressaillit de nouveau :

— Et pourquoi, dit-il, ne veux-tu pas que le Gavot me voie ?

— Mais, dit Simon, c'est votre affaire, et non la mienne.

— Ah !

— Ne m'avez-vous pas dit que vous ne vouliez pas qu'on sût que vous étiez revenu ?

— C'est juste.

— Alors méfiez-vous, car il a la langue longue, le Gavot.

Et cette fois Simon s'en alla.

Henri demeura comme anéanti.

Il était momentanément hors la loi, cela

était vrai, mais il était hors la loi pour avoir obéi au plus saint des devoirs, selon lui ; pour avoir, lui, gentilhomme, combattu à la suite de cette héroïne sublime qui était venue essayer de reconquérir le trône de son fils.

Il était proscrit, mais il en était fier, et il lui semblait qu'en le voyant tous les visages devaient sourire, toutes les mains devaient s'ouvrir.

L'attitude de Simon était d'autant plus étrange qu'il était catholique, partant royaliste, et qu'il avait dû apprendre des gens du château de Belleroche, depuis six mois, que lui, Henri, faisait noblement son devoir. Il s'approcha de la fenêtre qui donnait sur la rivière et aperçut le haut de la diligence embarquée sur le bac et qui traversait lentement la rivière.

Ce ne fut que lorsque le chaland eut touché le bord qu'il se rappela la recommandation de Simon lui disant :

— Si vous ne voulez pas être vu, montez dans ma chambre là-haut.

La chambre de Simon était un grenier dans lequel on parvenait par une échelle de meunier en guise d'escalier.

— Après ça, pensa Henri, Simon a raison. Je me fie bien à lui, mais qui me dit qu'il n'y a pas de gendarmes dans la voiture, et que le conducteur, qui est bavard, n'irait pas annoncer demain matin, en arrivant à Aix, mon retour aux quatre coins de la ville.

On parle bien d'une prochaine amnistie, mais sera-t-elle prochaine ?

Simon a raison, soyons prudent.

Et M. Henri de Vénasque monta lestement dans la chambrette du passeur et s'assit sur son lit.

Deux minutes après, Simon revint et Henri de Vénasque entendit des voix bruyantes qui lui annonçaient la présence de plusieurs personnes.

Le premier étage de la maison du passeur était composé uniquement de sa chambre, comme le rez-de-chaussée n'avait qu'une pièce.

Un simple plancher formait la séparation, et au travers des planches mal jointes on apercevait des filets de lumière.

Henri entendit un bruit sec, métallique, fréquemment répété, qui se mêlait aux voix bruyantes.

Ce bruit, il le reconnut aussitôt, c'était le

cliquetis du fourreau d'acier d'un sabre et d'une paire d'éperons sonnant sur les dalles du sol.

Alors le jeune homme se coucha à plat ventre, et à travers une fente du plancher il vit fort distinctement un brigadier de gendarmerie qui venait de s'attabler avec le conducteur Gavot, tandis que Simon descendait à la cave chercher un pichet de vin.

Henri était brave, il l'avait surabondamment prouvé dans cette campagne héroïque si tragiquement terminée par l'arrestation de Mme la duchesse de Berri.

Mais il était prudent aussi, et il estimait que le vrai courage est celui qui dédaigne une lutte obscure et sans issue.

Il demeura donc immobile, prêtant malgré lui l'oreille aux propos du conducteur et du brigadier de gendarmerie.

Le Gavot disait :

— Je sais ce que je sais, moi, et vous verrez qu'au premier pénitent noir qu'on jugera, si on met la main dessus...

— Nous sommes ici pour cela, dit le brigapier.

— Si on m'assigne comme témoin...

— On vous assignera, soyez-en sûr.

— J'en dirai de belles!

Henri avait reçu, quatre ou cinq mois auparavant, une lettre de sa tante qui lui disait qu'en effet les pénitents noirs avaient reparu un instant; mais elle ne lui donnait aucun détail.

Simon revint de la cave.

A travers les fentes du plancher, Henri surprit un regard sévère qu'il adressa au Gavot.

— Tu as toujours la langue trop longue! dit-il.

— Il a raison de chercher à éclairer la justice, dit le brigadier.

— S'il savait quelque chose encore! dit Simon; mais il ne sait rien.

— Ah! je ne sais rien?

— Eh bien, dit doucement Simon, si tu sais quelque chose, tu le diras à la cour d'assises. Pour le moment, pense à tes voyageurs, ivrogne, qui attendent que tu aies bu.

Et il lui versa un verre de vin.

Le Gavot le vida d'un trait.

Puis, se levant :

— Ainsi, brigadier, dit-il, vous restez ici?

— Naturellement, répondit le gendarme,

puisque j'ai rendez-vous à six heures du matin avec le brigadier de Venelle.

— C'est que je n'ai pas de lit à vous donner, dit Simon qui leva un regard plein d'angoisse vers le plancher.

— Oh! ça m'est égal, répondit le brigadier; je vais me coucher sur la table et dormir un brin.

Le Gavot partit.

M. Henri, couché à plat ventre sur le plancher, vit le brigadier se coucher sur le dos, son sabre entre les jambes, et il entendit le fouet du postillon, le tintement des grelots et le bruit des roues.

C'était le postillon qui s'éloignait.

Simon allait et venait par la salle et ne paraissait pas disposé à remonter se coucher.

Le brigadier avait déjà fermé les yeux, et, au bout de dix minutes, un ronflement sonore annonça qu'il dormait.

Alors Simon grimpa dans le grenier, et quand il fut en haut, il retira de nouveau l'échelle qui lui servait d'escalier.

La lanterne qu'il avait à la main lui permit de voir Henri couché sur le plancher.

Simon mit un doigt sur ses lèvres.

Puis tout bas :

— Vous avez entendu ?

— Tout.

— Dans deux heures, continua Simon d'une voix émue, il y aura six gendarmes ici.

— Ah !

— Il faut filer, monsieur Henri.

— Bah ! dit Henri, ce n'est pas moi qu'ils cherchent.

Simon ne répondit pas.

Mais il s'approcha de la fenêtre, l'ouvrit sans bruit, laissa couler l'échelle en dehors et dit :

— Partez, monsieur Henri, partez !

— Mais...

— Je ne veux pas avoir votre mort sur la conscience, ajouta Simon. Faites-vous arrêter ailleurs...

Henri ne comprenait rien à la crainte que témoignait le pauvre garçon.

Mais un sentiment de délicatesse l'empêcha d'insister.

Il se dirigea donc vers la croisée, l'emjamba et posa le pied sur l'échelle.

— Adieu, monsieur Henri, dit Simon, et que Dieu vous garde !

Sa voix était sourde comme s'il eût étouffé un sanglot.

IV

Il était alors à peine minuit.

En entrant chez Simon, Henri de Vénasque lui avait dit :

— Je ne veux arriver à Belleroche qu'une heure avant le jour, afin que Raymond soit levé, qu'il puisse m'ouvrir sans faire de bruit et me cacher jusqu'à ce qu'il ait préparé ma vieille tante à me revoir.

Et voici que, par une circonstance indépendante de sa volonté, Simon le renvoyait bien avant l'heure fixée.

Henri avait la tête brûlante, l'esprit bouleversé.

Que signifiait cet accueil glacial du passeur?

Pourquoi cet homme avait-il témoigné un si grand effroi, en lui disant : Partez! demain matin, ma maison sera pleine de gendarmes?

Il lui avait dit, c'est vrai, qu'il était condamné à mort par contumace; mais cette condamnation n'avait rien de bien sérieux.

Prononcée à Nantes par un conseil de guerre, non-seulement contre lui, mais encore contre plusieurs des gentilshommes qui s'étaient le plus compromis, il y avait gros à parier qu'elle serait effacée par une amnistie avant qu'aucun des condamnés eût été arrêté.

Simon, du reste, ne pouvait savoir que ce qu'il lui avait dit, lui, Henri.

Personne ne savait dans le pays qu'il était revenu; donc personne ne songeait à mettre les gendarmes sur ses traces.

La conduite du passeur, le mélange d'émotion et de mépris qu'il avait montré étaient donc, pour Henri, inexplicable.

Il y avait là un mystère qu'il essayait vainement de pénétrer, un obstacle contre lequel se brisaient sa perspicacité et son intelligence.

Derrière la maison de Simon il y avait un petit hangar sous lequel était un amas de feuilles sèches et de fourrage, la nourriture des chèvres en hiver.

Un moment Henri songea à s'y blottir et à y dormir quelques heures.

Mais les paroles du passeur : « Je ne veux pas avoir votre mort sur la conscience »; lui revinrent en mémoire.

— Le pauvre garçon a peur de se compromettre, pensa-t-il.

Et il s'éloigna.

Un sentier s'offrait à lui.

Ce sentier, Henri l'avait suivi bien souvent: c'était même le plus court chemin pour aller à Belleroche. C'était un vrai chemin de chèvres, où deux hommes n'auraient pu marcher côte à côte, et qui courait en zigzags au flanc des collines qui forment la rive escarpée de la Durance.

Il côtoyait sans cesse l'abîme, et un faux pas aurait pu précipiter Henri de Vénasque dans la rivière.

Mais Henri avait le pied montagnard; et puis il avait fait si souvent ce trajet qu'il eût marché les yeux fermés.

Cependant le grand air eut bientôt dissipé les nuages amoncelés sur son front, et des pensées moins amères se présentèrent à son esprit à mesure qu'il cheminait.

Le soldat de Vendée, le condamné à mort, avait traversé la France entière à pied, presque sans argent, se défaisant peu à peu de ses bijoux, de sa montre et même d'une bague de famille qui lui venait de sa mère.

Un jour, las d'errer de marais en marais, dans les bois épineux de la Vendée, de recevoir une hospitalité pleine de périls, tantôt dans une ferme et tantôt dans une autre, il s'était bravement mis en route, déguisé en ouvrier, pour revenir au pays natal.

Il y avait plusieurs mois, du reste, qu'on ne le cherchait plus et qu'on le croyait, comme beaucoup de ses compagnons d'armes, passé en Angleterre.

Mais était-ce bien l'amour du pays qui l'attirait seul?

N'avait-il eu, en se mettant en route, d'autre désir au cœur que celui de revoir sa vieille tante Ursule et son manoir de Belleroche ?

Non, un aimant mille fois plus puissant l'attirait.

Pendant cette rude journée de la Pénissière, où une poignée de jeunes héros tint en échec une véritable armée, un nom avait sans cesse erré sur ses lèvres : Marthe.

Marthe!

C'est-à-dire la fille de ses ennemis, à qui il avait donné son cœur tout entier, dont il s'était séparé une nuit en lui disant:

— Marthe, je vous aime, et si une volonté

plus forte que la mienne nous sépare en ce moment, je vous jure que jamais je n'aurai d'autre femme que vous.

Il y avait six mois de cela.

Et depuis six mois il n'avait pas eu de nouvelles de Marthe, et il n'avait pu lui écrire.

Mais Henri avait cette foi robuste que donne l'amour. Il croyait en la jeune fille avec sa constance, parce qu'il savait bien qu'elle pouvait croire en lui.

Et dès lors Henri, oubliant la singulière réception du passeur, se replongea dans son rêve d'amour, et, à mesure qu'il avançait, il doublait le pas.

Etait-il donc pressé maintenant d'arriver au château de Belleroche?

Non, certes! mais il savait qu'à un certain endroit le sentier qu'il suivait atteignait le sommet d'une colline, et que de ce point culminant il allait pouvoir dominer la vallée de la Durance et apercevoir de l'autre côté la noire silhouette du château de Montbrun, le nid de ses amours. Sa résolution était prise maintenant. C'était là qu'il attendrait l'heure de se remettre en chemin et d'aller frapper à la porte de Belleroche.

Et, à mesure qu'il avançait, son cœur battait violemment et s'emplissait du souvenir de la jeune fille.

Enfin il atteignit cette hauteur, qui pour lui était la terre promise.

Et alors un cri de joie monta de son cœur à ses lèvres.

Ainsi le marin, perdu sur une mer orageuse, par une nuit sombre, a un élan d'ivresse quand brille tout à coup à ses yeux la lueur protectrice d'un phare !

Henri venait, lui aussi, d'apercevoir une lueur, une lumière qui luisait pour lui comme l'étoile polaire pour le marin.

Sur la façade noire et massive du château, là-bas, par delà la Durance, un point lumineux étincelait.

Et cette lumière, l'œil exercé de Henri de Vénasque la reconnaissait.

C'était la lampe nocturne de Marthe,

De Marthe, qui veillait sans doute ainsi chaque nuit depuis longtemps, et qui chaque soir, en allumant cette lampe, jadis un signal, se disait :

— Peut-être viendra-t-il, enfin ?

Henri n'avait plus d'argent, plus de bijoux,

plus de montre, mais, comme tous ceux qui ont longtemps vécu à la campagne, il connaissait l'heure aux étoiles.

Il regarda donc le ciel et fit un calcul bien simple.

Il était alors une heure du matin. Il n'était pas jour avant quatre heures.

Henri avait donc trois heures devant lui.

Sa résolution fut bientôt prise :

— Je veux la voir cette nuit, se dit-il.

Une ravine presque à pic descendait de l'endroit où il était au bord de la rivière.

Henri se laissa couler le long de cette ravine, s'accrochant parfois à une broussaille pour modérer l'impétuosité de cette descente, qui ressemblait à une chute.

Il arriva ainsi jusqu'à la Durance.

Alors il se déshabilla, peu sensible à l'air encore froid de la nuit, peu soucieux de l'eau qui, descendant des montagnes couvertes de neige, devait être glacée.

Il fit un paquet de ses vêtements, le posa sur sa tête à la manière des gens du peuple qui portent ainsi des fardeaux, puis il se jeta bravement dans les flots bourbeux.

Henri était bon nageur, et, bien que le courant fût rapide, il traversa la Durance presque en droite ligne, soutenant ses reins hors de l'eau, et par conséquent ses habits.

Ses yeux étaient fixés, du reste, sur cette lumière qui brillait pour lui comme l'étoile du berger.

Quand il fut sur l'autre rive, il se réfugia dans une oseraie et s'y rhabilla à la hâte.

Puis il se mit à courir pour se réchauffer, car il grelottait.

Il se lança ainsi à travers les vignes qui descendaient sous le château, et il arriva, au bout d'un quart d'heure, à la petite porte du parc.

Là, il était forcé d'attendre.

On l'a vu par l'attaque des pénitents noirs, ou ne pénétrait pas dans le château des Montbrun facilement.

Mais Henri se souvenait que la nuit où il avait fait ses adieux à Marthe, la pauvre fille était venue elle-même jusqu'à cette porte dont elle avait une clef.

Pour qu'elle y arrivât cette fois, il suffisait donc qu'elle fût avertie.

Or, jadis, quand le jeune homme passait la Durance et qu'il avait rendez-vous avec Marthe, il sifflait un certain air de chasse qui traversait l'espace et arrivait jusqu'au château.

Henri avait la vue perçante.

A force de regarder cette lumière qui lui indiquait la chambre de la pauvre fille, il finit par remarquer que la fenêtre était ouverte.

— Elle veille et elle m'entendra ! se dit-il.

Et il se mit à siffler un air de chasse.

Quelques secondes s'écoulèrent. Puis une ombre noire se montra, accoudée sur la croisée, et intercepta momentanément les rayons de la lampe nocturne.

Alors Henri sentit ses jambes fléchir et ses lèvres murmurèrent :

— C'est elle !

V

Que se passait-il au château de Montbrun pendant ce temps-là ?

Ou plutôt que s'était-il passé depuis cette nuit sanglante des pénitents noirs ?

Lorsque le fermier Martin Bidache, ses fils et le charretier Balthasar, prévenus par la lueur de l'incendie, étaient revenus en toute hâte, les pénitents noirs avaient disparu.

Ni le château, ni la ferme n'avaient brûlé.

On avait retrouvé le valet de chambre garrotté auprès de son maître évanoui, et que d'abord on crut mort, mais qui n'avait pas tardé à revenir à lui.

Le vieux garde, enfermé dans la cave, avait été trouvé à moitié étouffé par son bâillon.

Enfin, la femme et les filles du fermier s'étaient sauvées furtivement.

Ce ne fut que dans l'après-midi, et le feu éteint, qu'on alla chercher les gendarmes.

La justice fit une enquête.

Chose étrange, M. Jean de Montbrun, dont la blessure n'était pas mortelle, répondit au magistrat qui l'interrogeait qu'il n'avait reconnu aucun de ses assassins.

Le vieux valet de chambre, qui aurait pu parler autrement, fit la même déclaration que son maître.

Cependant, on s'en souvient, le capitaine avait fait feu sur M. Jean de Montbrun en disant :

— Comme ça je n'aurai pas besoin de ton consentement.

Le lendemain soir, quand M. Joseph de Montbrun et sa fille, prévenus par un express envoyé en toute hâte, accouraient, la justice avait clos son enquête, et de cette enquête il résultait que le chef des pénitents noirs était tout aussi inconnu que ce cadavre apporté dans la ferme et qui fut inhumé sans qu'on pût avoir la moindre notion sur son état civil.

Cependant, quelques jours après, le vieux valet de chambre avait dit confidentiellement à Jérôme, le garde-chasse, et à Martin Bidache, le fermier :

— M. Jean et moi nous savons parfaitement à quoi nous en tenir et nous connaissons le capitaine des pénitents noirs.

Et comme tous deux avaient fait un geste de surprise, il avait ajouté :

— Mais M. Jean m'a fait jurer de ne rien dire, et je ne dirai rien.

Peu à peu le bruit s'était répandu dans le pays que M. Jean de Montbrun en savait long sur les pénitents noirs, mais qu'il s'obstinait à garder le silence.

Pourquoi?

Là était le mystère.

Les deux frères s'étaient réconciliés.

Mais M. Jean de Montbrun, guéri de son

horrible blessure, avait dit un jour à sa nièce :

— Mon enfant, j'ai failli mourir, et tu aurais été la cause involontaire de ma mort. Ne m'en demande jamais davantage.

Et comme la jeune fille, frappée de stupeur, regardait son oncle :

— Tu ne dois plus penser à épouser M. de Vénasque, ajouta-t-il. Voici longtemps qu'il a quitté le pays, et on ne sait ce qu'il est devenu.

— Je le sais, moi, dit Marthe.

Le sang monta au visage du vieux gentilhomme.

— Tu le sais, dit-il, tu le sais ?

— Oui. Il est parti pour la Vendée, il s'est battu aux côtés de la duchesse de Berri.

— Ah ! ah ! ricana M. Jean de Montbrun.

— Et, dit Marthe en baissant les yeux et d'une voix émue, il est mort sans doute, car jamais on n'a eu de ses nouvelles depuis l'affaire de la Penissière.

— Vraiment ! disait M. Jean de Montbrun ; tu es bien renseignée.

Marthe ne répondit pas.

Puis il y eut un silence entre l'oncle et la nièce, et enfin M. de Montbrun reprit :

— Mon enfant, puisque M. de Vénasque a disparu, et que, selon toi, il est mort, nous n'avons plus à nous en occuper.

— Mon oncle !

— Libre à toi même de le pleurer.

Marthe se méprit à ces paroles.

—O mon oncle ! fit-elle en lui sautant au cou, je savais bien que vous étiez généreux et bon. Vous avez pardonné à celui qui était notre ennemi, parce que je l'aime et qu'il a noblement versé son sang pour nos rois légitimes.

M. Jean de Montbrun haussa les épaules.

— Je lui ai si peu pardonné, dit-il, que si jamais il revient, si jamais il ose de nouveau briguer ta main...

— Eh bien, mon oncle ?

— J'ai fait mon testament, dit le vieux gentilhomme, et que je sois mort ou non, le testament, tu l'ouvriras, et quand tu l'auras lu, tu verras bien que tu ne peux pas être la femme de cet homme.

Du reste, avait dit M. de Montbrun avec emportement et comme en manière de conclusion, brisons là, il n'est pas revenu ; tu crois qu'il est mort, par conséquent, je n'ai rien à dire.

Et à partir de ce jour, M. Jean de Montbrun s'était renfermé dans un silence absolu.

Puis les semaines et les mois s'étaient écoulés.

Marthe pleurait bien souvent en silence et priait Dieu pour son cher Henri.

Quelquefois elle désespérait de le revoir, mais souvent aussi l'espérance revenait dans son pauvre cœur désolé.

Comment et pourquoi?

Nous allons le dire en quelques mots.

La famille de Montbrun, longtemps protestante, était revenue au catholicisme pendant le siècle dernier ; mais elle avait conservé des tendances libérales et gardé rancune à la monarchie des proscriptions dont elle avait été l'objet à la suite de la révocation de l'édit de Nantes.

M. Jean de Montbrun avait salué le régime de Juillet. Il avait même accepté les fonctions de maire.

Son frère, indifférent aux passions politiques, ne se préoccupait que de l'avenir de sa fille.

M. Jean de Montbrun était abonné à des journaux libéraux, et les journaux libéraux s'étaient peu occupés de l'échauffourée de Vendée.

Mais Marthe recevait *la Quotidienne* en cachette, et *la Quotidienne*, qui lui était envoyée sous enveloppe comme un journal de modes, avait été un moment *le Moniteur* de l'insurrection vendéenne.

C'était ainsi que Mlle de Montbrun de Sainte-Marie avait été au courant des événements de l'Ouest, qu'elle avait vu figurer le nom de M. Henri de Vénasque parmi ceux des héros de la Pénissière, et ensuite parmi ceux qui avaient été condamnés à mort par contumace.

Or, précisément, le jour où M. Henri de Vénasque arrivait au terme de son long voyage et se montrait à Simon le passeur, *la Quotidienne* publiait cet article :

« Enfin Louis-Philippe a compris que la mesure était comble et que l'indignation publique ne lui permettait pas d'aller au delà.

« Madame prisonnière à Blaye, ses défenseurs errant comme des bêtes fauves dans les bois pour échapper au dernier supplice, c'était trop à la fois.

« Le roi des Français a signé une amnistie;

et les braves gentilshommes qui ont versé leur sang pour la bonne cause ne porteront plus leur tête sur l'échafaud. »

La Quotidienne arrivait le soir.

C'était Petit-Bijou, le palefrenier, dont Marthe avait fait son messager de confiance, qui allait la chercher à la poste restante du village voisin.

Marthe venait donc d'ouvrir le journal, vers huit heures du soir, comme la famille allait se mettre à table pour le souper, et elle lisait un article avec une avidité fiévreuse, lorsque le post-scriptum lui arracha un cri :

« Nous avions craint un moment qu'un des plus braves combattants de la Pénissière fût mort, M. le baron Henri de Vénasque.

« Nous sommes heureux d'affirmer qu'il n'en est rien. Des lettres particulières que nous recevons de Vendée nous permettent d'affirmer que le baron est vivant et qu'il n'a pas quitté la France. »

Et comme Marthe jetait ce cri de joie, M. Jean de Montbrun entra.

— Mon oncle, dit-elle, tenez, lisez ! Henri est vivant, Henri va revenir... et si vous avez encore une bonne raison pour me refuser votre consentement... eh bien, parlez!...

Et il y avait dans sa voix, dans son geste, dans son attitude une telle résolution que M. Jean de Montbrun s'écria :

— Mais tu ne sais donc pas, malheureuse, que cet homme est un voleur et un assassin!...

VI

La foudre tombant aux pieds de Mlle de Montbrun l'eût moins épouvantée que ces paroles étranges prononcées par son oncle.

Ce ne fut même pas de l'épouvante, ce fut de la stupeur, de l'égarement, du délire.

— Ah! dit elle, mon oncle est fou!

Et elle se laissa tomber sans force et sans voix sur un siége.

A ce cri, à l'éclat de voix de M. Jean de Montbrun, le père de Marthe accourut.

Il regarda son frère pâle d'indignation, sa fille défaillante, et il ne comprit pas.

— Mais que se passe-t-il donc? s'écria-t-il enfin.

Et il levait sur son frère un œil courroucé.

Alors M. Jean de Montbrun parut faire un effort héroïque.

— Je le vois, dit-il, il faut que je parle.

— Mais parlez donc, mon oncle !... répéta Marthe affolée... parlez... accusez !... Ah ! ah ! ah !

Et Marthe riait et pleurait tout à la fois, et un rire nerveux faisait craindre pour sa raison.

— Je gage, dit M. Joseph de Montbrun d'une voix sourde et pleine de colère contenue, qu'il en est encore question...

— Toujours, mon père, toujours ! dit Marthe affolée.

— Vraiment ! exclama M. Joseph de Montbrun, c'est ressusciter le moyen âge à peu de frais.

M. Jean de Montbrun haussa les épaules :

— Mais écoutez-moi donc, dit-il.

Sa voix avait en ce moment un étrange accent d'autorité.

Son frère courba la tête.

Marthe elle-même cessa de rire et de pleurer, et elle le regarda d'un œil effarouché.

Cet homme à barbe blanche, de haute taille,

au regard sévère, avait quelque chose de solennel.

— Je suis le chef de la famille, dit-il, vous me devez obéissance et vous devez m'écouter.

— Parlez, répéta le père de Marthe.

— Une nuit, vous le savez, dit M. Jean de Montbrun, des malfaiteurs se sont introduits ici, sous la robe des pénitents noirs.

Marthe eut un geste qui voulait dire :

— Mais cela n'a aucun rapport avec Henri.

— Ecoutez-moi, répéta le vieillard. Le chef de ces bandits, l'homme qui nous a fait garrotter, moi et mon valet de chambre, qui m'a volé les cent mille francs en or de mon secrétaire, qui a ensuite fait feu sur moi, je l'ai reconnu.

— Ah! fit Joseph de Montbrun.

— Et mon valet de chambre aussi.

Marthe eut un nouveau geste et voulut parler.

— Silence! répéta le vieillard avec ironie ; cet homme, en m'ajustant, m'a dit : « Comme cela, je n'aurai pas besoin de ton consentement. »

Marthe eut un nouvel éclat de rire nerveux.

Quant à son père, il regardait toujours

M. Joseph Montbrun et semblait partager cette opinion que son père était fou.

Alors M. Jean de Montbrun se rua vers un cordon de sonnette et le secoua violemment.

Ce fut le valet da chambre lui-même qui entra.

— Antoine, dit alors M. Jean de Montbrun, l'heure est venue de parler.

— Ah! dit tranquillement le valet.

— Quel est l'homme qui commandait les pénitents noirs?

— Mais, monsieur....

— Quel est l'homme qui m'a volé?

Antoine regardait Marthe avec compassion.

— Quel est mon assassin? parle, je te l'ordonne!

Antoine baissa la tête.

— C'est M. Henri de Vénasque, répondit-il.

— Tu mens! s'écria Marthe.

— Mademoiselle, répondit le valet avec douceur, j'ai soixante-huit ans, et le fils de mon père n'a jamais menti.

— Oh! mais alors tu t'es trompé! tu as été le jouet d'une hallucination... ce que tu dis là est impossible!... tout à fait impossible!...

Antoine hocha la tête.

— Mademoiselle, dit-il, je ne sais pas pourquoi mon maître me force à parler aujourd'hui, puisqu'il m'avait fait jurer de ne rien dire, en prétendant que vous en mourriez... mais ce que je viens de dire est la vérité, je vous le jure.

— Oh!

— Il a même dit en tirant sur votre oncle : « Comme ça tu ne me refuseras pas ton consentement. »

Marthe fit un pas vers le valet et lui saisit le bras :

— Réponds, dit-elle, réponds-moi?

Et son œil étincelait, et une énergie toute virile semblait avoir passé dans son âme.

Antoine attendit.

— Tu dis, reprit Marthe, que le chef des pénitents noirs était M. Henri de Vénasque?

— Oui, mademoiselle.

— Les pénitents noirs avaient un capuchon sur la tête?

— Oui, mademoiselle.

— Et... *lui* aussi?

— Oui, mademoiselle.

— Alors tu ne l'as pas vu à visage découvert?

— Non, mais j'ai entendu....

— Tu t'es trompé! ce n'est pas lui!

Et Marthe regardait son oncle avec défi.

— Non, non, répétait-elle après un silence de six secondes qui eut la durée d'un siècle, non, ce que vous dites est impossible!... M. le baron de Vénasque est un gentilhomme et non un bandit, et à l'heure où vous tombiez, vous, mon oncle, sous la balle d'un assassin, il était en Vendée, à côté de Mme la duchesse de Berri, et il versait son sang sur le champ de bataille de la Pénissière.

Et Marthe avait levé la tête, elle regardait son oncle en face et semblait le défier.

Le vieillard haussait les épaules.

Quant au père de Marthe, il était consterné et baissait la tête.

Mais elle, comme une lionne du désert, à qui on viendrait dire que le lion qu'elle aime a fui lâchement devant une panthère, robuste en son amour, vaillante en sa foi, elle s'écriait :

— Vous vous êtes trompés! vous avez été aveugles et fous! Je ne vous crois pas! je ne vous crois pas!

Et tout à coup elle fit un pas vers M. Jean de Montbrun, et lui dit :

— Mon oncle, ce que vous venez de me dire, il le faut répéter tout haut, en plein soleil; il faut faire venir la justice, et lui dire que l'homme qui a volé, l'homme qui a voulu vous assassiner, le bandit qui a porté chez vous la torche de l'incendie, cet homme c'est M. le baron Henri de Vénasque, le fiancé, l'époux devant Dieu de Marthe de Montbrun, votre nèce !

— Malheureuse ! s'écria le vieillard.

— Il le faut, mon oncle, répéta Marthe, non-seulement pour vous, mais pour moi... Non, je ne vous crois pas, car la justice ne vous croira pas non plus..., et si, par impossible, la justice vous croyait, Henri n'aurait qu'à paraître pour confondre ses accusateurs.

— Elle est folle ! murmura M. Jean de Montbrun.

— Non, je ne suis pas folle, mon oncle. Mais je tiens à mon honneur de femme, comme vous tenez à votre honneur de gentilhomme.

— Ton honneur n'a rien à voir en cela, dit M. Jean de Montbrun avec impatience.

— Mon honneur, c'est le sien.

— Ah! s'écria le vieillard avec indignation.

— Vous tenez bien à vos vieilles mœurs de famille, vous, dit-elle, pourquoi n'aurais-je pas le courage de mon amour ?

— Mais tu l'entends, mon frère, tu l'entends! exclama le vieillard exaspéré.

M. Joseph de Montbrun ne répondit pas.

— O la malheureuse !... elle aime un voleur... elle aime un assassin !...

Marthe fit un pas en arrière.

— Mon oncle, dit-elle froidement, écoutez-moi bien.

Et sa voix était calme et brève, son regard assuré et tranchant comme une lame d'épée.

— Ecoutez-moi, dit-elle, je vous adjure d'avoir à faire à la justice la déclaration de ce que vous savez être la vérité.

— Mais, malheureuse enfant...

— S'il est coupable, la justice le frappera.

— Alors, mon oncle, je me jetterai à vos genoux, je vous demanderai votre pardon et votre bénédiction, et j'irai m'ensevelir dans un cloître.

Mais s'il est innocent... et je le crois, moi,

et je le jure à la face du ciel, la justice proclamera son innocence !

Et alors, mon oncle, il faudra bien que vous abjuriez votre vieille haine, il faudra bien que vous consentiez à voir votre nièce devenir la femme de celui que vous accusiez !...

Et Marthe salua son oncle d'un geste de la main.

— En attendant, dit-elle, adieu... vous me permettrez de me retirer dans ma chambre, et d'attendre le jour de la justice et de la réparation. Votre bras, mon père...

Et Marthe sortit lentement, donnant le bras à M. Joseph de Montbrun, éperdu.

Le vieillard se laissa alors tomber sur un siége, cachant sa tête dans ses mains, et pleura...

VII

Marthe de Montbrun n'avait plus voulu quitter sa chambre.

En vain son père avait-il essayé de calmer son exaltation :

— Mon père, avait-elle répondu, il y a des

femmes qui doutent de l'homme qu'elles aiment : ces femmes-là sont indignes d'être aimées. Moi, je ne doute pas.

Et devant cette conviction de sa fille, M. Joseph de Montbrun avait courbé la tête et s'était retiré.

Et Marthe, seule au milieu de la nuit, la fenêtre ouverte, agenouillée, priait.

Elle priait Dieu de ramener au plus vite son cher Henri, afin qu'il pût se laver de l'accusation qui pesait sur lui et confondre ses calomniateurs, lorsqu'un coup de sifflet traversant l'espace arriva jusqu'à elle.

Marthe se dressa éperdue.

Une voix lui criait :

— C'est lui !

Elle s'approcha de la fenêtre et se pencha au dehors.

Alors le même coup de sifflet se fit entendre de nouveau.

Marthe, toute pâle, toute frissonnante, s'écria :

— C'est lui !

Puis elle jeta un manteau sur ses épaules, ferma la fenêtre, ce qui, au besoin, pouvait donner à penser que le signal avait été compris, et alla ouvrir la porte de sa chambre, prêtant l'oreille aux bruits de l'intérieur.

Tout le monde était couché dans le château.

Marthe connaissait trop les êtres de cette maison où elle était née pour avoir besoin de lumière.

Elle éteignit donc son flambeau et descendit, effleurant à peine les marches de pierre du grand escalier.

Arrivée au rez-de-chaussée, elle reprit ce même chemin que nous lui avons déjà vu suivre, et qui, par la serre et le jardin, conduisait dans le parc.

Puis, d'un pas rapide, elle se dirigea vers la porte derrière laquelle Henri de Vénasque attendait.

Il y a des poëmes d'enivrement qu'on ne saurait raconter.

Pendant quelques minutes, dans les bras l'un de l'autre, sous le ciel étoilé, ces deux amants, ces deux époux devant Dieu oublièrent l'univers.

Henri parlait de sa voix franche et loyale il disait à Marthe ses angoisses, ses périls et aussi son orgueil du devoir accompli, et combien le souvenir de celle à qui il avait juré un amour éternel l'avait animé, soutenu pendant ces longs jours d'exil, après la ruine de ses espérances, depuis cette défaite plus glorieuse peut-être qu'une victoire !

Et Marthe l'écoutait et se disait :

— Il parle comme un héros, et on voudrait en faire un bandit !

Et puis, tout à coup, elle le prit par la main et lui dit :

— Venez !

Et elle le fit entrer dans le parc.

— Où donc me conduisez-vous ? demanda-t-il.

Elle ne lui répondit pas, mais elle l'entraîna vers un petit pavillon qui se trouvait dans un angle du parc, à demi caché par un rideau de chênes verts.

Ce pavillon était la retraite bien-aimée de Marthe.

C'était là qu'elle allait lire, peindre ou travailler à des travaux d'aiguille durant les chaudes heures des jours d'été ;

Là que souvent elle s'attardait au milieu de ses livres et de ses tableaux ; là enfin qu'elle avait lu les belles lettres si touchantes et si simples de son Henri adoré, au commencement de leur amour.

Elle seule en avait la clef, et cette clef, elle la portait sans cesse suspendue à son cou.

Marthe ouvrit le pavillon, y entra la première et se procura de la lumière.

Puis, Henri étant entré à son tour, elle ferma la porte.

— Ami, lui dit-elle, il nous faut maintenant causer, non plus comme des amants, mais comme des époux qui se sont mutuellement consacré leur vie.

L'accent subitement grave de sa voix, l'expression solennellement triste de son visage étonnèrent Henri de Vénasque, et lui remirent en mémoire la singulière réception de Simon le passeur.

Cependant, il attendait que Marthe s'expliquât plus nettement.

— Mon bien-aimé, reprit la jeune fille, ne m'avez-vous pas dit que vous étiez proscrit ?

— Oui.

— Condamné à mort par un conseil de guerre ?

— Ce qui va vous forcer à vous cacher jusqu'à l'heure où l'amnistie annoncée sera proclamée.

— Il ne faut pas vous cacher, dit Marthe.

Il la regarda étonné de plus en plus.

— Il vous faut, au contraire, poursuivit-elle, aller embrasser votre vieille tante, et puis... partir pour Aix...

— Pour Aix?

— Et vous aller constituer prisonnier.

— Mais, ma Marthe adorée, dit Henri, c'est ma tête que je joue à ce jeu...

— Non, dit Marthe, puisque vous serez amnistié ; mais cela fût-il...

Sa voix tremblait, mais on sentait au travers le souffle d'un mâle courage.

— Eh bien ? fit-il.

— Eh bien! répondit-elle, mieux vaut perdre la tête que l'honneur.

Il recula stupéfait.

— Mais tu ne sais donc rien ! s'écria Marthe.

Et comme il faisait un nouveau pas en arrière :

— O mon bien-aimé, dit-elle, toi si noble, si brave, toi dont je n'ai jamais douté, sais-tu qu'on t'accuse?

— Et de quoi m'accuse-t-on? demanda le

jeune homme qui regarda Marthe avec plus d'étonnement que d'indignation.

— On vous observe, nous avons eu de nouveaux troubles dans le pays.

— Ah!

— Les pénitents noirs ont reparu.

— Je le sais, ma tante me l'a écrit.

— Ils ont pillé, incendié, assassiné.

— Comme toujours.

Et Henri se mit à rire.

— Bon! dit-il, vas-tu pas me faire à moi aussi la plaisanterie de prétendre que je faisais partie de ces malfaiteurs? le misérable Féraud avait fait arrêter mon pauvre oncle..., mais qu'on vienne m'arrêter, moi!...

Et le jeune homme riait toujours.

— Mon Dieu! dit Marthe, son calme m'épouvante.

— Ah! si tu savais?

— Mais quoi donc?

— Eh bien! on t'accuse d'avoir été le chef de la dernière bande des pénitents noirs.

— Alors elle opérait en Vendée?

— Non, ici.

— Alors l'accusation tombe d'elle-même.

— Non, car ce sont les miens qui t'accusent.

— Hein ! dit Henri.

— Ce château où nous sommes a été un abri pour les pénitents noirs.

Henri fronça le sourcil.

— L'un d'eux a tiré sur mon oncle Jean un coup de pistolet.

— Et il l'a tué ? fit Henri frissonnant.

— Non. Mon oncle a survécu, mais il prétend avoir reconnu son assassin.

— Et cet assassin ?

— C'est toi.

Henri haussa les épaules, puis il prit Marthe dans ses bras.

— Je savais bien, dit-il, que tu ne douterais jamais de moi, chère âme; mais je ne veux pas que ta famille, sous prétexte de haine héréditaire, me fasse passer pour un bandit.

Et Henri fit un pas vers la porte.

— Où vas-tu ? s'écria Marthe.

— Pardieu ! répondit Henri, je vais voir ton oncle.

— A cette heure ?

— Mais tout de suite. Je veux me montrer à lui le visage découvert, et je veux l'entendre répéter son accusation.

Marthe avait eu un moment d'effroi, mais

le calme de Henri de Vénasque la rassura.

— Eh bien, soit! dit-elle, allons voir mon oncle. Tout le monde est couché, mais tout le monde se lèvera ! Il faut que la vérité triomphe !

Et elle se suspendit au bras de celui qu'elle aimait.

X

M. Jean de Montbrun avait passé la soirée en proie à une violente agitation.

Il y avait dans le caractère de cet homme des côtés moyen âge qui n'avaient jamais pu s'accommoder des mœurs modernes.

Il était comme une sentinelle perdue des époques de barbarie, et les haines politiques et religieuses avaient survécu, vivaces et farouches, dans son cœur.

Trois siècles plus tôt, M. Jean de Montbrun serait monté à cheval à la tête de ses vassaux, et il serait allé, le casque en tête et l'épée au poing, mettre le siége devant le château de Belleroche.

Cependant, dans cette âme primitive, sauvage et comme fermée, Dieu avait placé un rayon d'amour et de tendresse.

Jean de Montbrun aimait sa nièce autant que si elle eût été sa fille.

Enfant, il la prenait sur ses genoux et priait complaisamment avec elle.

Petite fille, il la prenait par la main et lui faisait faire de longues promenades aux alentours du château.

Un peu plus tard, il avait été son professeur d'équitation.

Marthe avait été la joie de cette maison naguère attristée par un meurtre; rayon de soleil après l'orage, elle avait consolé ces deux hommes de leur solitude.

Bien des années s'étaient passées pour les frères de Montbrun à rêver pour la belle jeune fille un de ces maris modèles qui sont de vrais héros de roman.

Le héros était venu, le roman aussi; mais le rêve s'était brisé.

Juliette n'aimait et ne voulait aimer que Roméo, et recommençait l'histoire antique des Capulet et des Montaigu.

M. Joseph de Montbrun tenait donc un peu à son antipathie pour la famille de Vénasque; mais il tenait plus encore à l'amour de sa fille, et il s'était soumis, comme on l'a vu.

Mais Jean de Montbrun n'avait point cédé, et c'était avec une sombre joie qu'il avait accueilli cette conviction que son meurtrier, l'homme qui l'avait volé, n'était autre que M. Henri de Vénasque.

Seulement, en révélant enfin son secret, il ne s'était pas attendu à l'attitude énergique de sa nièce.

On accusait celui qu'elle aimait, et Marthe se redressait pleine d'amour et de foi.

D'abord abasourdi, M. Jean de Montbrun s'était bientôt trouvé en proie à une irritation violente, qui elle-même avait fait place à un morne découragement.

Et ce découragement prenait sa source dans cette pensée :

« Quoi qu'il arrive maintenant, Marthe, qui m'aimait, me haïra. »

Les deux frères en se quittant s'étaient, ce soir-là, serré silencieusement la main et avaient échangé un regard désolé, un regard qui voulait dire : « « Le bonheur de notre maison est à jamais perdu. »

Puis, rentré chez lui, M. Jean de Montbrun s'était mis à pleurer comme un enfant.

La soirée, une partie de la nuit s'étaient

écoulées, et farouche, le vieux gentilhomme ne pouvait fermer ses yeux rougis par les larmes, lorsqu'il entendit tout à coup un bruit vague d'abord, persistant, et qui bientôt prit des proportions d'un véritable remue-ménage.

Il semblait que le château s'éveillait en sursaut.

M. Jean de Montbrun entendit des portes qui s'ouvraient et se fermaient, il vit se refléter des lumières sur les grands arbres touffus du parc, et des pas retentir dans les corridors, enfin la voix de son frère disant :

— Mais, mon enfant, ton oncle dort.

Et la voix de Marthe qui répondait vivement :

— Eh bien ! il s'éveillera.

Alors M. Jean de Montbrun, qu'une nouvelle et mystérieuse angoisse prit à la gorge, sauta à bas de son lit, alluma un flambeau, passa un pantalon et s'enveloppa dans une robe de chambre.

Presque aussitôt après on frappa à la porte.

Il alla ouvrir et fit, stupéfait, un pas en arrière.

Son frère et sa nièce étaient sur le seuil, derrière eux un jeune homme vêtu en paysan, et derrière encore, Petit-Bijou, le factotum de Mlle Marthe.

— Que voulez-vous? qu'y a-t-il donc? quel est cet homme? demanda M. Jean de Montbrun, d'une voix que scandait l'émotion.

Et comme il faisait une dernière question, le jeune homme vêtu en paysan fit un pas en avant et lui dit :

— Vous ne me connaisssez donc pas, monsieur?

— Non.... c'est-à-dire.... je ne sais pas.... balbutia M. Jean de Montbrun, qui avait peur de deviner.

Alors le jeune homme se mit à rire :

— Comment! dit-il, c'est moi qui vous ai volé, moi qui ai tenté de vous assassiner, et vous ne me connaissez pas!

— Misérable! s'écria M. Jean de Montbrun.

Et il recula jusqu'à la cheminée sur la tablette de laquelle il y avait des pistolets.

Mais sa nièce lui saisit le bras.

— Mon oncle, dit-elle, n'ajoutez pas un acte de folie à votre aveuglement.

Elle lui arracha le pistolet et poursuivit :

— Voilà M. Henri de Vénasque, mon fiancé, qui vient répondre à votre accusation.

— Misérable! il est entré ici, murmurait le vieillard, dont toute l'énergie, toute la colère étaient passées dans son regard.

— Monsieur, dit froidement Henri de Vénasque, puisque vous ne me reconnaissez pas à visage découvert, comment avez-vous pu me reconnaître sous le capuchon d'un de ces hommes qui sont venus ici pour vous voler?

— Oh! c'est la même voix! s'écria M. Jean de Montbrun.

Et il s'élança vers une porte et appela :

— Antoine! Antoine!

Le vieux valet, qui couchait dans une chambre voisine, accourut à peine vêtu.

M. Jean de Montbrun lui montra Henri.

— Regarde cet homme! dit-il.

Le vieillard eut un geste d'effroi.

— Ah! dit-il, c'est M. de Vénasque.

— Tu le reconnais, toi au moins?

— Je l'ai toujours reconnu, dit Antoine.

— Eh bien! hurla le vieux Montbrun éperdu, il ose venir ici.

Antoine courba la tête.

— Il ose venir nous dire que ce n'est pas lui... qui...

Antoine, fit encore un pas en arrière, et il

regarda M. de Vénasque d'un air qui signifiait :

— Je n'aurais pas cru à tant d'audace.

— Mais parle donc, Antoine! s'écria Marthe.

— Que voulez-vous donc que je dise, mademoiselle ?

— Dis-moi donc si tu reconnais monsieur ?

— Oui, mademoiselle.

— Pour le capitaine des pénitents noirs ? dit Henri avec un grand calme.

— Monsieur, dit Antoine, je n'ai pas vu votre visage cette nuit-là ?

— Alors, mon ami, à quoi donc as-tu pu me reconnaître ?

— Je vous reconnais à la voix.

— Ah ! par exemple.

— Tenez, monsieur, dit le vieux domestique avec un accent de conviction si profonde que Marthe elle-même en tressaillit, voulez-vous que je vous parle franc ?

— Parle.

— Dans mon idée, vous n'êtes pas homme à voler. Seulement pour venir ici, il vous fallait cette bande de misérables dont vous vous êtes servi, et l'argent qu'ils ont pris a été leur salaire.

— Mais cet homme est fou ! exclama Henri.

Antoine poursuivit sans se déconcerter :

— Mais quant à être venu ici pour assassiner M. Jean, parce qu'il s'opposait à votre mariage avec mademoiselle, la tête sur l'échafaud, je le maintiendrais !

— Oh ! cet homme est fou ! s'écria Henri.

— Eh bien ! vous l'entendez ! dit M. Jean de Montbrun avec un accent de triomphe.

— Non, monsieur, dit froidement Antoine, je ne suis pas fou, et quel autre que vous, d'ailleurs, aurait pu dire : « Oh ! tu ne me refuseras plus ton consentement ? »

Et c'est en disant cela que vous avez tiré sur M. Jean, que vous aviez fait attacher là, sur ce lit.

Henri était devenu pâle et frissonnant :

— Mais, dit-il enfin, cela n'est pas vrai, cela ne peut être ; je fais un horrible rêve !...

— Son trouble le trahit enfin ! exclama M. Jean de Montbrun.

Marthe eut un cri de lionne blessée :

— Oh ! c'en est trop ! dit-elle. Ils osent l'accuser encore ! Venez, Henri, venez !... Ces hommes sont fous... Ils vous croient coupable; moi, je jure que vous êtes innocent!...

Et elle entraîna le jeune homme hors de la chambre en disant à son père :

— Et vous, mon père, le croyez-vous coupable, vous aussi ?

M. Joseph de Montbrun ne répondit pas.

— Ah! fit Marthe, rassurez-vous, Henri; la justice saura bien faire triompher votre innocence; venez!...

XI

Une demi-heure après, M. le baron Henri de Vénasque s'en allait par le chemin qu'il avait déjà suivi, c'est-à-dire qu'il se rejetait à l'eau, ses vêtements en paquet sur sa tête, et traversait la Durance à la nage.

Seulement il était si préoccupé qu'il ne vit pas une ombre qui se détachait lentement du pied d'un arbre avec lequel elle semblait faire corps tout à l'heure, et qui se mit à le suivre à distance.

Une fois sur l'autre rive, Henri de Vénasque parut hésiter.

S'en irait-il tout droit au château de Belleroche?

Le jour était loin encore.

Attendrait-il, perché sur ce rocher d'où il pouvait contempler tout à son aise le château de Montbrun, que les étoiles eussent pâli?

Il prit enfin un troisième parti.

— Je suis, se dit-il, victime d'une horrible machination, et, je n'en puis plus douter maintenant, Simon savait ce dont on m'accusait et, qui pis est, il y croit. Mais Simon peut me donner des détails, des renseignements utiles, moyen peut-être de découvrir ceux qui ont eu l'audace de se servir de mon nom. Allons chez Simon!

Et il se remit en route par le petit chemin qui côtoyait la rive gauche de la Durance.

Chose bizarre! l'ombre qui l'avait suivi s'agita sur la rive droite et séparée de lui par la largeur du fleuve.

Elle se mit à marcher dans le même sens.

Henri avait le pied leste et rapide du chasseur des Alpes; il ne marchait pas, il volait.

En moins de trois quarts d'heure, il fut sous les murs de la maison du passeur.

On voyait de la lumière à travers la porte

et on entendait au dedans une conversation assez bruyante.

Henri s'approcha à pas de loup, et par une fente il regarda.

Le brigadier de gendarmerie n'était plus seul : il causait avec trois autres gendarmes, ceux de la brigade de Venelle, sans doute.

Simon n'était pas dans la salle basse.

Henri en conclut qu'il dormait, et il tourna la maison de façon à se placer sous la fenêtre du grenier.

La fenêtre était ouverte, mais l'échelle avait été retirée.

Alors Henri appela lentement :

— Simon ! hé ! Simon !

Au troisième appel, le passeur, éveillé en sursaut sans doute, apparut à la fenêtre.

— Qui va là ? dit-il.

— Moi, répondit Henri.

— Comment ! vous ? vous encore ? dit Simon d'une voix émue.

— Oui ; il faut que je te parle !

— Mais, monsieur, dit Simon à voix basse, vous savez pourtant bien ce que je vous ai dit ?

— Oui.

— La maison est pleine... vous savez de qui ?

— Peu m'importe ! te dis-je. Passe-moi l'échelle.

Simon n'osa pas résister.

Il plaça l'échelle en dehors de la croisée et la laissa glisser jusqu'à terre.

Henri y posa hardiment le pied et monta.

En ce moment, l'ombre qui s'était arrêtée immobile sur l'autre rive, se jeta bravement à l'eau.

. . . .

— Monsieur, dit Simon d'une voix si basse et si émue qu'à peine Henri l'entendit, si vous saviez le jeu que vous jouez en ce moment?

— Je sais tout, dit froidement Henri.

Et il entra dans le grenier.

Puis, pour ne faire aucun bruit, il s'assit sur le lit du passeur et l'attira auprès de lui.

— Sais-tu d'où je viens? dit-il.

— Non, dit Simon.

— Des Montbrun.

— Du château ?

— Oui.

— Mais vous êtes donc fou !

— Ce serait à le devenir. Heureusement, j'ai encore ma tête.

Et Henri aborda franchement la question.

— On dit que c'est moi qui suis le chef des pénitents noirs, n'est-ce pas ?

Simon ne répondit point.

— Mais parle donc !

— Eh bien ! oui, monsieur, on le dit.

— Ah ! et qu'est-ce qui a pu donner naissance à ce bruit absurde ?

— Je ne sais pas.

— Mais enfin, tu sais qui m'accuse ?

— Tout le monde et personne.

Henri ne s'attendait pas à cette réponse.

— Comment ! tout le monde ? dit-il. On dit donc cela dans le pays ?

— Oui, monsieur.

— Mais alors les gendarmes m'arrêteront ?

— C'est bien possible.

Et Simon crut que la peur prenait le jeune homme et qu'il allait fuir.

Mais Henri ne bougea pas.

— Par conséquent, dit Simon après un silence, vous ferez bien de vous donner de l'air, monsieur Henri.

— Oh ! répondit froidement M. Henri, ce ne sont pas les gendarmes qui m'inquiètent ; ce n'est même pas pour ça que je viens.

— Ah !

— Je veux que tu me dises tout ce que tu sais.

— Mais, monsieur, dit Simon étonné de cette persistance, je ne sais rien.

— Comment! tu ne sais rien?

— Non, monsieur,

— Tout le monde m'accuse, dis-tu?

— C'est un peu vrai.

— Alors tu dois savoir...

— Ce que tout le monde sait; voilà tout.

— Eh bien, parle, dit Henri, car moi, j'étais à deux cent cinquante lieues d'ici, alors.

— Ah!

— Et je ne sais rien.

S'ils n'eussent pas été dans l'ombre, Henri aurait pu voir un sourire d'incrédulité glisser sur les lèvres du passeur.

Il reprit :

— Enfin, que dit-on? que s'est-il passé?

— D'abord, les pénitents noirs sont venus ici, huit jours après votre départ.

— Bon!

— Ils avaient arrêté le courrier des Alpes et forcé Gavot, le conducteur, à les emmener au bac.

— Alors tu les as passés?

L'obscurité déroba à Henri un nouveau sourire du passeur.

— Oui, monsieur, dit-il.

— Et j'aurais ainsi été parmi eux?

— Oui.

— Où sont-ils allés?

— Massacrer le pasteur Dufour et mettre le feu à sa maison.

— Fort bien. Et puis?

— Trois jours après, ils ont incendié le château de Montbrun.

— Mais, dit Henri, puisqu'ils ont passé à ton bac, tu les as vus?

— Certainement.

— Alors, tu peux dire que je n'y étais pas.

— Ma foi! monsieur, dit Simon, vous savez que les pénitents noirs, avec leur cagoule, se ressemblent tous.

Cette fois, Henri voulut avoir le dernier mot de la pensée du passeur.

— Voyons, Simon, dit-il, tu me connais depuis mon enfance?

— Oui, monsieur.

— Que penses-tu de cette accusation absurde?

— Je ne pense rien, monsieur Henri.

— Mais tu ne peux pas croire, toi...

— Simon gardait le silence.

— Mais on me croit donc coupable?

Simon se taisait.

— Oh! fit Henri, je crois que je rêve... toi... toi?...

Tout à coup un bruit se fit au dehors.

Simon s'élança vers la croisée; il avait entendu marcher.

Et quand il se fut penché en dehors, il eut de la peine à retenir un cri.

L'échelle qui était demeurée appuyée contre le mur venait de disparaître.

Qui donc l'avait enlevée?...

XII

Quelques heures auparavant, un peu après le coucher du soleil, deux hommes s'étaient rencontrés, comme par hasard, sur la route de Mirabeau à Manosque.

L'un de ces hommes avait un fusil sous le bras, une carnassière au dos, et la tournure d'un de ces petits propriétaires campagnards demi-bourgeois, demi-manants, que par courtoisie on appelle des gentilshommes fermiers.

Il avait un chien courant qui trottait devant lui et une couple de lapins dans son carnier.

L'autre était un pauvre diable de marchand forain, et, très-certainement, le passeur Simon eût reconnu en lui ce même colporteur qui, six mois auparavant, avait passé une partie de la nuit chez lui.

— Excusez, monsieur, avait dit ce dernier, c'est bien la route de Mirabeau?

A quoi le petit propriétaire avait répondu en riant:

— Tu le sais aussi bien que moi.

Et jetant un coup d'œil autour de lui :

— Il n'y a pas un chat autour de nous, tu peux parler.

— Je n'ai rien de nouveau.

— Ah!

— On n'a pas de ses nouvelles jusqu'à présent.

— Même dans sa maison?

— J'y ai couché l'autre soir, comme il pleuvait. On ne s'est pas gêné devant moi. Si on avait su quand il reviendra, on l'aurait dit.

— Il reviendra, sois-en sûr.

— Mais on a dit qu'il avait été tué là-bas?

— On l'a dit, mais ce n'est pas vrai. As-tu un peu couru dans les environs ?

— Je ne fais que ça depuis un mois.

— Que dit-on ?

— On commence à parler de lui pas mal.

— En vérité, ricana l'homme au chien courant. L'autre jour, le brigadier de gendarmerie de Venelle a laissé échapper quelques paroles à l'auberge de Cadarache.

— Et ces paroles...?

— Prouvent qu'il a des ordres.

— Oui, mais tant que l'autre ne sera pas de retour, il ne peut pas être coffré.

Et l'homme aux deux lapins respira.

Alors celui-ci regarda son interlocuteur et lui dit après un silence :

— Il y a une chose que je ne comprends pas très-bien, mon patron.

— Laquelle ?

— Quel intérêt avons-nous à ce qu'il soit coffré ?

L'homme au chien courant haussa les épaules.

— Tu es devenu un peu bête, dit-il.

— Mais, patron....

— Une fois qu'il sera arrêté, je défie tous

les juges du monde, tous les avocats de l'univers de le tirer d'affaire.

— Ceci est bien certain.

— Il aura beau protester, il n'y a pas moyen qu'il s'en tire, car sa condamnation à mort en Vendée est postérieure de deux mois et demi à nos petites affaires.

— Fort bien.

— Il sera donc condamné?

— Naturellement.

— Et il mourra sans faire de révélations sur ses complices?

— Parbleu! dit le colporteur avec un rire atroce, puisqu'il ne les aura jamais connus. Et bien! c'est justement là que je me demande si nous n'avons pas tout intérêt à laisser les choses aller comme elles voudront.

— Hein?

— Il est, en même temps, condamné par contumace. Il est possible qu'il gagne l'étranger.

— Bon!

— Ici, on l'accuse tout bas; on l'accusera tout haut, et on ne s'occupera pas de lui trouver des complices.

— Tu ne connais pas la justice.

— Oh ! oh !

— Elle est remuante et frétillonne comme une anguille tant qu'elle n'a pas un criminel à se mettre sous la dent.

— Cela est vrai.

— Tant qu'elle n'aura pas mis la main sur le capitaine des pénitents noirs, elle le cherchera et fourrera son nez partout. Le capitaine arrêté, jugé, condamné, l'opinion publique est satisfaite, et la justice passe à un autre exercice. Comprends-tu ?

— Parfaitement.

— Nous avons donc tout intérêt à ce qu'il soit pris le plus tôt possible.

— Mais puisqu'il n'est pas revenu !

— Il reviendra.

— Qui sait ?

— Colporteur, mon ami, on voit que tu n'es pas amoureux ; tu oublies donc Mlle Marthe ?

— Non, certes !

— Quand ce ne serait que pour la voir une heure, il reviendra, en se cachant, bien entendu, puisqu'il est condamné à mort pour politique.

— Ah ! cette condamnation-là n'est pas sérieuse.

— D'accord, puisqu'on parle d'une amnistie ; mais, en attendant l'amnistie, il se cache, et il a raison. Seulement il faut que le jour même de son arrivée il soit pincé.

— Je suis de votre avis maintenant, patron.

— Et, pour cela, il est nécessaire de surveiller les environs du château de Montbrun plus encore que ceux de Belleroche.

— Est-ce tout ce que vous avez à me dire ?

— Pour aujourd'hui, oui.

— Alors où vais-je aller ?

— Va-t'en coucher au Pigeon-Noir.

— J'y songeais.

— Et au revoir.

— Bonsoir, patron.

L'homme au chien courant prit un sentier qui serpentait dans les vignes, et le colporteur continua son chemin.

L'auberge du Pigeon-Noir n'était pas éloignée, on le sait, du château de Montbrun.

Le colporteur y soupa ; puis, après souper, il sortit et prit le chemin du château, bien décidé à exécuter les ordres qu'il avait reçus, c'est-à-dire à rôder à l'entour une partie de la nuit.

On sait maintenant quelle était cette ombre qui avait vu sortir Henri de Vénasque par la petite porte du parc et l'avait suivi de loin jusqu'au bord de la Durance.

Et comme Henri de Vénasque, de l'autre côté de la rivière, prenait le chemin de la maison du passeur, le colporteur se dit :

— Autant le suivre et savoir où il va, puisqu'il tourne le dos à Belleroche.

La Durance, on s'en souvient, est assez resserrée au bac de Mirabeau.

Caché derrière les oseraies, sur la rive, le colporteur, qui avait des yeux de chat, put voir Henri s'approcher de la fenêtre et le passeur lui tendre une échelle.

— Oh! oh! se dit-il, pourquoi donc n'entre-t-il pas par la porte?

Et il imita Henri de Vénasque, se déshabilla, fit un paquet de ses effets et passa la rivière à la nage.

Puis il vint rôder autour de la maison du passeur.

D'abord il s'approcha de la porte et regarda par une fente.

Il vit alors les gendarmes qui causaient à mi-voix.

Et, quittant la porte, il tourna la maison et arriva sous la fenêtre du grenier.

A n'en pas douter, Henri était dans la maison, à l'insu des gendarmes.

L'échelle en était la preuve.

Et le colporteur prit l'échelle et la retira doucement, la couchant à terre le long du mur.

— Maintenant, se dit-il, s'il veut sortir, il faudra bien qu'il sorte par la porte et passe devant les gendarmes.

Le colporteur revint alors à la porte.

Il ne frappa point, mais il mit la main sur le loquet et entra.

Les gendarmes tournèrent la tête.

Le colporteur les salua.

— Simon n'est donc pas chez lui? dit-il.

— Si, répondit le brigadier, mais il dort un brin.

— Savez-vous à quelle heure passera la voiture?

— Au point du jour.

— Alors je n'ai pas longtemps à attendre. Excusez, messieurs.

Et le colporteur s'assit, ajoutant :

— Ce n'est pas la peine que je réveille Simon pour me passer, j'attendrai la voiture.

Le gendarme est, par nature, bon compagnon.

On fit place au colporteur et on lui offrit un verre de vin.

— Nous allons bien voir, pensait ce dernier, comment le capitaine des pénitents noirs se tirera de ce mauvais pas.

Et un cruel sourire glissa sur ses lèvres.

XIII

Les gendarmes causaient à voix basse.

— Vous pensez bien, disait le brigadier, que nous ne sommes pas ici pour des prunes. J'ai des ordres...

Les autres gendarmes le regardèrent.

Le brigadier continua :

— Le procureur du roi a reçu avis que le capitaine des pénitents noirs était dans le pays.

Un des gendarmes hocha la tête.

— On a tant parlé de ce fameux capitaine, dit-il, que je finirai par croire qu'il n'existe pas : il y a six mois que nous le cherchons sans le trouver.

— Oui, dit le brigadier, c'est vrai; mais on ne savait pas alors qui c'était.

— Et... maintenant?

— Maintenant on le sait.

Le colporteur ne soufflait mot, mais il ne perdait rien de cette conversation.

— On sait qui il est, poursuivit le brigadier, et c'est un homme du pays.

— Oui, fit un des gendarmes, on a déjà dit cela... à Venelle; mais je n'y crois guère, moi.

— Que ce soit lui ou non, j'ai des ordres.

Un des gendarmes baissa encore la voix.

— On a dit, je le sais bien, que c'était M. de Vénasque.

— Oui, dit le brigadier d'un signe de tête.

— Je ne crois pas ça, dit un autre gendarme.

Le brigadier eut un geste qui voulait dire:

— Cela ne nous regarde pas. Nous devons exécuter les ordres reçus, et voilà tout.

— Eh bien! reprit celui qui paraissait mettre en doute la culpabilité du jeune baron Henri de Vénasque, qu'est-ce que nous allons faire?

— Prendre, au point du jour, le chemin du château de Belleroche....

— Où nous ne le trouverons pas.

— Peut-être.....

— Bah! il y a plus de six mois qu'il a quitté le pays.

— Oui, mais la bête revient toujours au lancer, et, je vous le répète, le procureur du roi a reçu avis que nous l'y trouverions.

A ce moment de la conversation le colporteur intervint.

— C'est donc un criminel que vous cherchez? dit-il.

— Naturellement, dit le brigadier; nous n'avons pas l'habitude de traquer les honnêtes gens.

Le colporteur cligna de l'œil.

— Si j'étais bien sûr que le passeur dormît là-haut, je vous dirais quelque chose.

— Ah! fit le brigadier.

— Après ça, reprit le colporteur, il ne faut pas se mêler de ce qui ne vous regarde pas.

— Vous vous trompez, dit sévèrement le brigadier, tout bon citoyen a pour devoir d'éclairer la justice.

— Vous croyez?

— Quand il le peut, bien entendu.

— Vous en parlez à votre aise, poursuivit le colporteur.

— Certainement.

— Et si les gens dénoncés se vengent quelque jour!... je ne suis qu'un pauvre marchand forain, mais je tiens à ma peau comme si c'était celle d'un grand seigneur.

— La justice vous protégera.

— Oui, mais il ne fait pas bon, je l'ai entendu dire, se frotter aux pénitents noirs.

— Il n'y en a plus, dit un des gendarmes.

— Alors qui cherchez-vous?

— Leur capitaine.

— Mon ami, dit le brigadier, vous me paraissez en savoir plus long que vous ne voulez dire.

— Hum! ça dépend....

Et le colporteur levait un regard effaré vers le plafond.

— Oh! dit-il, moi je ne sais que ce que tout le monde dit...

— Et que dit-on?

— Ce que vous disiez tout à l'heure vous-même.

Le brigadier secoua la tête.

— Mon ami, dit-il, quand on s'est avancé, ne faut pas reculer.

— C'est que...

— C'est que vous avez peur?

— Oui. Je m'en vais à Aix. Les chemins ne

sont pas toujours bons, et je ne veux pas me faire assassiner en route.

Et le colporteur parlait en homme qui a regret de s'être compromis et s'embarrasse dans une foule de réticences.

— Si encore, poursuivit-il, j'étais à Aix ou à Marseille, cela me serait égal. On trouve toujours à se mettre à l'abri des gens qui vous en veulent. Mais...

Le brigadier se pencha vers lui et lui dit à l'oreille :

— Je vous ferai escorter par deux gendarmes, et il ne vous arrivera rien.

— Vrai?

— Je vous le promets; mais si vous savez quelque chose, dites-le.

— Je ne sais, je vous le répète, que ce que tout le monde dit; mais j'ai vu quelque chose...

— Ah! qu'avez-vous donc vu?

Le colporteur parlait si bas que, même en admettant que Simon ou M. Henri de Vénasque, couchés à plat ventre sur le plancher, écoutassent, ils n'auraient rien pu entendre.

— Venez donc avec moi, brigadier, dit-il.

— Où cela?

— Allons nous placer à l'air pour jaser.

— Pourquoi donc?

Le colporteur jeta un nouveau regard vers le plafond de la salle basse.

— Je me méfie de Simon, dit-il tout bas.

Tout cela avait été dit si bas que les autres gendarmes n'avaient rien entendu.

Le brigadier se leva :

— Ah çà ! dit-il, est-ce qu'il n'est pas bientôt jour?

Et il se dirigea vers la porte, qu'il ouvrit.

Le colporteur le suivit, et tous deux s'éloignèrent de quelques pas.

— Parlez donc maintenant, l'ami, dit le brigadier.

— Je me méfie de Simon, voyez-vous, brigadier, parce que, je m'en souviens très-bien, il y a six mois, comme je passais ici, il nous a parlé de M. de Vénasque à un autre et à moi.

— Bon!

— Et il en disait beaucoup de bien.

— Et puis?

— Et alors, il m'est resté dans l'idée qu'il était l'ami, sinon de tous les pénitents noirs, au moins de quelques-uns.

— Et c'est pour me dire cela...

— Oh! vous êtes trop pressé, dit le colporteur en souriant. Ecoutez-moi bien.

— Voyons.

— Un homme qui entre dans une maison, par où entre-t-il?

— Belle question! il entre par la porte.

— Pas toujours.

— Hein?

— J'en sais qui entrent par la fenêtre, et je vais vous dire ce que j'ai vu tout à l'heure.

Le brigadier devenait attentif.

— Comme je descendais la côte, poursuivit le colporteur, un homme cheminait à cent pas devant moi; il est venu jusqu'ici.

— Et il s'est arrêté?

— Oui, à la porte.

— Et il a regardé par le trou de la serrure?

— Sans doute.

— Puis il s'en est allé?

— Non, il a tourné la maison. La curiosité m'avait pris; je me suis jeté dans un buisson, et j'ai regardé ce qu'il allait faire.

— Eh bien!

— Quand il a été de l'autre côté, il s'est mis à appeler Simon.

— Et Simon lui a répondu ?

— Oui, et j'ai cru comprendre que le passeur lui disait qu'il ferait mieux de s'en aller.

— Alors, il est parti ?

— Non. J'étais trop loin pour entendre bien clairement, mais j'ai vu clair, par exemple.

— Ah! ah!

— Simon lui a passé une échelle, et il est monté dans la maison par la fenêtre.

— Pendant que nous étions en bas ?

— Oui.

— Et vous croyez... ?

— Dame! fit le colporteur, j'imagine qu'un homme qui n'ose pas passer devant les gendarmes et qui entre par la fenêtre a ses raisons.

— Pourvu qu'il ne soit pas parti!

— J'ai retiré l'échelle. La fenêtre est haute.

— Je vous remercie du renseignement, dit le brigadier. Comptez sur moi. Je vous ferai accompagner jusqu'à Aix.

— Oh! oh! fit le colporteur, j'ai de bonnes jambes, et je vais me mettre en chemin tout de suite.

Et le colporteur se sauva à toutes jambes.

Le brigadier rentra dans la maison du passeur.

Puis il fit signe à un de ses gendarmes et lui dit tout bas :

— Prends ta carabine et va te placer de l'autre côté de la maison, sous la fenêtre.

— Pourquoi faire? demanda le gendarme étonné.

— Si un homme saute par cette fenêtre, prends-le au collet et ne le lâche plus.

Le gendarme sortit.

Alors le brigadier prit la chandelle qui se trouvait sur la table et dit :

— Venez, vous autres.

Puis, une main sur la poignée de son sabre, il gravit l'escalier qui montait au grenier.

. . . .

Au bruit des pas des gendarmes, Simon éperdu avait dit à Henri :

— Cachez-vous, monsieur, mettez-vous sous mon lit.

— Non, dit Henri.

— Alors, sautez par la fenêtre...

— Pas davantage.

— Mais s'ils vous voient, vous êtes perdu!

— Je suis sauvé, au contraire, répondit Henri.

Et comme le brigadier apparaissait, suivi

de ses gendarmes, Henri fit un pas vers lui et lui dit :

— C'est moi que vous cherchez sans doute ?

— Cela dépend, dit le brigadier ! comment vous nommez-vous ?

— Le baron Henri de Vénasque.

— Alors c'est vous.

— Bien, dit froidement Henri, je suis prêt à vous suivre.

— Il a tout de même un rude aplomb, pensait Simon le passeur, qui sentait sa conviction ébranlée.....

TROISIÈME PARTIE

I

Aix n'est pas une ville de plaisir, tant s'en faut. Capitale découronnée, réduite au rôle modeste de sous-préfecture, elle jalouse au fond du cœur Marseille, sa puissante voisine, et se venge de la tristesse de l'heure présente en laissant ses vieux hôtels fermés et ses rues pleines d'herbe.

Cependant, il est une époque où la vieille cité sembla sortir de sa torpeur : c'est au moment des fêtes du roi René.

Le roi René est une vieille figure populaire.

C'est à Aix que le brillant comte d'Anjou vint se consoler de la perte du trône des Deux-Siciles, en organisant des processions moitié chrétiennes et moitié païennes.

De temps en temps, tous les quatre ou cinq ans peut-être, les Aixois organisent une cavalcade historique dans laquelle les petits-neveux représentent fort galamment leurs ancêtres du moyen âge.

Il y a encore à Aix une douzaine de familles qui descendent des seigneurs du bon roi René, et ce sont elles qui prennent l'initiative de ces fêtes qui durent souvent plusieurs jours.

Alors la vieille cité revêt un air de fête, arbore des bannières aux fenêtres, voit ses rues s'emplir d'une foule enthousiaste et curieuse, et tous ceux qui, par économie, vivaient dans quelque vieux château ou dans quelque bastide des environs, accourent en ville et s'installent pour une semaine dans leur hôtel vermoulu.

Or, six semaines environ après les événements que nous racontions naguère, Aix se livrait à une de ces petites débauches historiques.

Cavalcades et messes solennelles le jour, bals et concerts la nuit, sans compter les sérénades qu'on allait donner à tel ou tel président démis de ses fonctions, à la suite des *glorieuses*, et des promenades au flambeau, pendant lesquelles des chevaliers bardés de fer, des pages au chatoyant costume, des valets vêtus mi-partie de jaune et de bleu, et de belles châtelaines, le faucon au poing, s'en donnaient à cœur joie.

Et tout le monde riait et s'amusait follement, comme s'amusent ceux qui n'en ont pas l'habitude.

Il était deux heures du matin, les étoiles brillaient au ciel, les torches éclairaient les rues et le pavé pointu retentissait d'un joyeux cliquetis d'épées vierges et d'éperons inoffensifs.

Un chevalier qui portait coquettement agrafé sur l'épaule le manteau blanc de l'ordre de Malte, rencontra sur le Cours, en face de la fontaine, un beau troubadour qui s'en allait, sa guitare en bandoulière, la plume de son toquet au vent, et titubant quelque peu comme un homme qui a fêté le moyen âge en buvant du vin de Champagne du cru le plus moderne.

— Hé! trouvère de mon âme, lui dit le chevalier de Malte, conviens que pour un homme grave tu mènes joyeuse vie cette nuit. D'où sors-tu?

— Je viens de sauter chez la présidente de Bois-Colombe, répondit le trouvère.

— Et tu vas souper au cercle Sextius?

— Non pas, je rentre chez moi.

— Dormir?

— Non, travailler.

Le chevalier de Malte se mit à rire,

— O magistrat de mon cœur! répéta-il, jusques à quand tes pareils et toi nous ferez-vous croire que vous menez de front la polka et l'étude des lois, le travail et le plaisir?

— Sur l'honneur, mon cher, je vais travailler.

— A quoi?

— Mais tu ne sais donc pas que je suis

chargé de l'instruction d'une grave affaire ? répondit le trouvère.

— Ah! c'est juste, les pénitents noirs?...

— Oui.

— Et vous croyez tenir le capitaine?

— Nous le tenons sûrement.

Le chevalier de Malte haussa les épaules.

— Aussi vrai, dit-il, que je m'appelle René de Lorge, que je n'ai rien à faire et que je suis aussi heureux, avec mes quinze mille livres de rente, que mes nobles cousins, les ducs de Lorge du Blaisois, avec leurs nombreux millions, je te jure, mon pauvre Saint-Sauveur, que la passion t'égare en ce moment.

— Plaît-il, fit le trouvère, qui redevint grave comme un magistrat qu'il était.

— Mon cher ami, continua M. René de Lorge, je vais te conduire un bout de chemin et je te dirai mon opinion.

— Sur quoi? sur qui? fit le jeune magistrat avec une certaine roideur.

Sur le baron Henri de Vénasque, qui est en prison.

— Ah! vraiment?

— Les Vénasque sont de parfaits gentilshommes, et voici deux fois que cette vieille haine qui existe entre eux et les Montbrun de Sainte-Marie leur joue un mauvais tour. Henri est tout aussi innocent que l'était son oncle le grand Vénasque.

— Ce n'est pas l'opinion de mon oncle.

— Oh! ton oncle... ton oncle... Tiens, si tu m'en crois, nous ne parlerons pas de ton oncle, qui, dans sa longue carrière, s'est fait des milliers d'ennemis.

— Les ennemis de la loi, mon cher.

— Soit, mais nous vivons tous sous le soleil, dans un pays brûlant, où les passions sont ardentes. Prends-y garde!

— Après? dit froidement M. de Saint-Sauveur?

— Il y a une bande de coquins qui ont volé cent mille francs au château de Montbrun, n'est-ce pas?

— Oui.

— Et la rumeur publique désigne Henri de Vénasque comme leur chef?

— S'il en était autrement, serait-il arrêté?

— La justice se trompe quelquefois.

— Oh! dit M. de Saint-Sauveur, elle finit toujours par y voir clair.

— Alors, tu crois à sa culpabilité ?

— Sur l'honneur.

— Et tu as des preuves ?

— Des preuves nombreuses.

— Quelle est l'attitude de l'inculpé ?

— Il est calme, hautain, dédaigneux, et hausse les épaules.

— Mais, mon ami, reprit M. René de Lorge, il est assez difficile, ce me semble, qu'un homme ait le don d'ubiquité.

— J'attendais cette observation.

— Henri de Vénasque ne pouvait être à la fois en Vendée et dans le Luberon.

— Cela est vrai.

— Est-il allé en Vendée, oui ou non ?

— Parbleu ! oui.

— Alors il n'était pas dans le Luberon à la tête des pénitents noirs ?

— Il y était huit jours avant son départ. Les dates coïncident à merveille. Il y a douze jours francs entre son apparition dans les rangs de la petite escorte de la duchesse de Berri et sa disparition du château de Belleroche, douze jours dont il lui est impossible d'expliquer l'emploi.

— Ah!

— Et dix personnes affirment l'avoir reconnu.

Voilà ce dont je doute.

— Sans compter M. de Montbrun lui-même, qu'il a voulu assassiner.

René de Lorge soupira.

— Tout cela est bien extraordinaire, dit-il ; mais je persiste dans ma conviction.

— Tu crois le baron innocent ?

— Comme moi.

M. de Saint-Sauveur haussa les épaules.

Tout en causant, les deux jeunes gens avaient pris la rue Pontmoreau, et ils passaient en ce moment devant le Palais de Justice.

A gauche de l'imposant édifice se dressait une haute et vieille maison, tout en haut de laquelle brillait une lampe solitaire.

— Tiens, dit M. de Saint-Sauveur, regarde-moi ça.

Et il tendait la main.

— C'est la maison de ton oncle, dit M. René de Lorge.

— Oui.

— Il est donc à Aix ?

— Depuis deux jours.

— En plein été ?

— Oui. Ce n'est pourtant pas les fêtes qui l'ont attiré.

— Certes non. Je crois même qu'il n'a ri de sa vie.

— C'est bien possible.

— Qu'est-il donc venu faire à Aix ?

— Je ne sais pas. Mon oncle, tu le sais, a toujours été un homme mystérieux.

— Et il est levé à pareille heure?

— Il faut le croire, car la fenêtre éclairée est celle de son cabinet.

— Dis donc, Saint-Sauveur, il me vient une idée étrange.

— Parle.

— Si nous allions lui dire bonjour.

— Dans ce costume?

— Pourquoi pas?

— Oh! dit le jeune magistrat, il serait capable de me déshériter.

— Bah! bah! dit M. René de Lorge, je ne suis pas fâché de savoir ce que ton oncle peut faire à pareille heure.

Et il mit la main sur le marteau de bronze de la porte.

— Mais tu es fou ! s'écria M. de Saint-Sauveur.

— Viens donc !

Et M. René de Lorge laissa retomber le marteau sur le chêne ferré de la porte.

II

Faisons enfin connaissance avec ce personnage sinistre qu'on appelait le conseiller Féraud de la Poulardière.

Il habitait une vieille maison sur la place du Palais-de-Justice.

Haute, noire, avec trois fenêtres de façade seulement à chaque étage, cette demeure avait quelque chose de morne et de lugubre qui donnait envie de presser le pas quand on passait devant.

Le conseiller Féraud y était né ; mais il ne l'habitait presque jamais depuis qu'il avait été mis à la retraite.

A peine deux ou trois fois l'an, une vieille berline de voyage, attelée de deux chevaux de labour et descendant par la porte de la rue Bellegarde, venait-elle s'arrêter devant cette maison pour y déposer le vieux magistrat, lequel s'en allait presque toujours le lendemain. Cependant la maison n'était pas inhabitée ; elle avait même des locataires depuis le rez de-chaussée jusqu'au troisième étage, que le conseiller s'était réservé pour lui.

Mais quels locataires !

C'étaient des gens du plus menu peuple, presque des mendiants.

Chaque étage était divisé en trois logements exigus, et chacun de ces logements loué soit à un ménage de deux ou trois personnes, soit à un célibataire qui travaillait dehors pendant le jour et ne rentrait que pour se coucher.

La plupart de ces gens-là, qui avaient des professions diverses, étaient étrangers à la ville.

Le menu monde les ignorait, le peuple du quartier ne les connaissait pas, et on prétendait même que c'étaient pour la plupart des gens mal famés.

Souvent on avait entendu dire parmi les bonnes femmes des environs que le conseiller Féraud, qui avait tant haï les voleurs pendant le cours de sa longue magistrature, les aimait sur ses vieux jours, puisqu'il leur donnait asile.

Néanmoins, la rumeur publique exagérait. Les locataires du conseiller Féraud, si misérables qu'ils fussent, n'avaient jamais attiré sur eux l'attention de la justice.

Mais il n'y a pas de fumée sans feu, comme on dit, et toutes ces rumeurs avaient pris naissance dans un événement que nous allons raconter.

Le plus ancien des locataires de M. Féraud, un peu avant l'époque où commence notre histoire, était un vieillard qui exerçait la profession de commissionnaire et qu'on appelait le père Barnabeau.

Cet homme était étranger au pays, bien que méridional, et quand il était venu habiter une mansarde dans la maison du conseiller, personne ne le connaissait.

Il avait les cheveux tout blancs; son visage portait les traces de douleurs profondes; cependant il était robuste encore et pendant dix années on avait vu ce grand vieillard taciturne et doux, faire son rude métier avec une scrupuleuse probité.

Un beau jour, on ne le vit pas assis comme

à l'ordinaire sur son crochet et attendant la pratique au coin de la rue Pontmoreau.

Le lendemain, ni le surlendemain, pas davantage.

Alors la justice fut avertie, et on pénétra chez lui : le père Barnabeau était mort dans son lit subitement.

Le commissaire procéda à une perquisition, retrouva quelques papiers, un petit sac de cuir renfermant quelques économies en monnaie blanche, et enfin un passe-port de forçat libéré.

Le père Barnabeau était un ancien galérien !

M. le conseiller Féraud s'était fort peu soucié des *on-dit* à ce moment-là.

Il passait pour être aussi avare que riche, et on ne manquait pas de dire que, pourvu qu'un locataire payât son loyer le plus cher possible, c'était tout ce que demandait le vieux grigou.

L'homme qu'il avait investi de sa confiance et qui remplissait à la fois les fonctions de régisseur et celles de concierge était digne, du reste, — toujours selon la rumeur publique, — d'un pareil maître.

Cet homme était un ancien huissier que l'inconduite et la débauche avaient jadis forcé de vendre sa charge. Le conseiller Féraud l'avait pris alors à son service, et cela avait même étonné tout le monde qu'un homme de haute probité, qu'un magistrat dont la sévérité était proverbiale s'affublât d'un pareil garnement.

Il y avait trente ans de cela, et l'huissier, qu'on appelait à présent le père Milon tout court, n'avait jamais quitté le service du conseiller Féraud.

C'était lui qui gérait la maison, se résignait à faire des réparations indispensables, touchait, disait-on, les loyers en l'absence de son maître, et expulsait, au besoin, les locataires en retard.

Tel maître, tel valet, dit le proverbe.

L'ancien huissier et l'ancien conseiller, à force de vivre ensemble, avaient fini par se ressembler.

Grands tous deux, ils avaient le visage long et osseux, les yeux ternes et froids, le geste bref et dur.

M. Féraud était toujours vêtu d'un habit râpé, mais brossé avec soin, et son linge, un peu commun, était d'une blancheur éblouissante.

Le père Milon portait une vieille redingote, une casquette, des chaussons de lisière l'hiver, mais il était pareillement d'une propreté exquise.

Il y avait aussi une petite légende sur le père Milon, comme il y en avait eu une sur Barnabeau, le commissionnaire.

On disait que, du temps qu'il était huissier, M. Féraud, qui était alors procureur impérial, l'avait pris la main dans le sac et aurait pu l'envoyer au bagne.

Pourquoi ne l'avait-il pas fait? Pourquoi, tout au contraire, l'avait-il pris à son service ?

C'était là que finissait la légende et que commençait le mystère.

Donc, depuis sa mise à la retraite, le conseiller passait à peu près toute l'année à *sa campagne*, comme on dit dans le Midi.

Cependant il venait à Aix deux, trois fois par an, et y restait deux jours et souvent même vingt-quatre heures.

En revanche, le père Milon faisait souvent des voyages.

Où allait-il? Autre mystère!

Tantôt on le voyait sur la banquette du courrier des Alpes, tantôt les messageries le transportaient à Marseille.

Ou bien, un bâton à la main, il faisait de longues courses dans les environs.

Les gens de province sont curieux ; pour peu qu'un homme ait un côté quelque peu maniaque dans sa vie, on se met à la piste de ses moindres faits et gestes.

On avait donc remarqué qu'à chacun de ces mystérieux voyages, l'ex-huissier Milon ne manquait pas d'écrire à M. Féraud ; que quelquefois même il ne passait à Aix que vingt-quatre heures, et prenait aussitôt la route de la Poulardière.

Mais toutes ces remarques, tous ces on-dit, toutes ces rumeurs n'avaient jamais abouti à rien.

Pourquoi Milon était-il l'âme damnée du conseiller?

Mystère!

Pourquoi faisait-il de nombreux voyages?

Mystère encore.

Pourquoi, enfin, la maison de la place du Palais-de-Justice avait-elle de si étranges locataires?

Mystère toujours!

Une seule opinion triomphait clairement aux yeux de tous, comme la lumière se dégage rayonnante des ténèbres, et elle régnait sans conteste.

Cette opinion était que le conseiller Féraud était sordidement avare, qu'il se refusait toute douceur, et ne donnait rien à son neveu, M. de Sainte-Ursule, qui, du reste, avait quelque fortune.

Le château de la Poulardière était dans un état de délabrement et de vétusté qui égalait celui de la maison d'Aix.

Le conseiller y vivait avec deux vieilles servantes, mangeait dans de la vieille argenterie toute bosselée et se servait de linge rapiécé comme ses habits.

Cependant, les rares personnes qui l'approchaient, car il vivait dans un isolement farouche, prétendaient qu'il était acrimonieux.

Mais on ne voulait pas les croire.

Or donc, la veille de ce jour où nous avons vu M. René de Lorges soulever le marteau de la porte, au grand scandale de M. de Sainte-Ursule, qui reculait à la pensée de se montrer à son oncle vêtu en troubadour, M. le conseiller Féraud était arrivé inopinément à Aix.

Certes, comme l'avait dit son neveu, ce n'étaient pas les fêtes qui l'attiraient.

Il avait même dédaigné d'arriver, comme à l'ordinaire, dans la vieille berline.

On l'avait vu descendre de la rotonde du courrier des Alpes, un petit porte-manteau sous le bras, et se diriger à pied vers sa maison.

Le père Milon l'attendait.

M. Féraud était monté à son appartement sans dire un mot.

Puis, regardant l'ex-huissier :

— Eh bien? avait-il dit laconiquement.

— Monsieur le conseiller, avait dit alors le père Milon, je suis sur les traces de l'homme que vous cherchez depuis si longtemps.

— En es-tu sûr?

— Aussi sûr que possible. Seulement je vous ai écrit parce que j'aurai peut-être besoin de vous.

— Voyons, alors.

Et le conseiller, croisant les jambes, s'était assis dans un vieux fauteuil, et il avait regardé celui que le peuple aixois appelait *son âme damnée*.

III

M. Féraud de la Poulardière avait un de ces visages impassibles qui jamais ne reflètent une émotion, si violente qu'elle puisse être.

Un seul homme, l'ex-huissier Milon, avait la clef de cette figure énigmatique.

Le conseiller avait au coin du nez une petite verrue.

Cette verrue, ordinairement immobile, tremblait légèrement si quelque tempête mystérieuse s'élevait dans son cœur.

Milon vit trembler la verrue.

— Monsieur le conseiller, dit-il en souriant, je suis convaincu que vous ne donneriez pas votre journée d'aujourd'hui pour beaucoup d'argent.

— Je n'ai pas de confidence à te faire, répondit sèchement le conseiller.

Milon se mordit les lèvres.

— Dis-moi ce que tu sais, d'abord.

— Monsieur le conseiller, reprit Milon, le capitaine de marine marchande Faucillon est mort le 11 décembre 1812.

— C'est bien cela, dit M. Féraud. La conspiration du général Malet avait eu des ramifications un peu partout, et notamment à Marseille.

— Le capitaine Faucillon était un homme d'environ quarante ans, bon marin, brave soldat, et qui avait servi contre les Anglais à titre d'enseigne auxiliaire; il avait été décoré et paraissait dévoué à l'Empereur.

— Mais il conspira, dit sèchement M. Féraud; son nom fut trouvé inscrit sur une liste dressée par le général Malet lui-même, et je fus chargé de l'instruction.

— Faucillon, poursuivit Milon, fut traduit devant la cour d'assises et condamné à mort.

— Sur mon réquisitoire.

— Oui, monsieur, reprit Milon, mais sans oublier de dire que la cour, les jurés, le ministère public lui-même signèrent une demande en grâce.

— Et cette supplique aurait certainement été accueillie, répliqua M. Féraud, si l'Empereur eût été à Paris. Mais le duc de Rovigo, qui était alors préfet de police, m'ordonna par le télégraphe de passer outre à l'exécution. Ta mémoire est fidèle, Milon, c'est bien le

11 décembre 1812 que le capitaine Faucillon a été guillotiné sur la place où se dresse cette maison.

Continue.

— Le capitaine Faucillon avait une femme et deux enfants : un fils et une fille. La fille était en bas âge; le fils était parti comme mousse sur un navire qui s'en allait aux Indes et il pouvait avoir douze ans.

— C'est bien cela.

— Les frais du procès avaient anéanti la petite fortune du capitaine, continua Milon. Sa veuve se trouva réduite à la plus profonde misère. On allait vendre la maison quand un bienfaiteur mystérieux la racheta.

En même temps, Mme Faucillon reçut à titre de restitution anonyme un contrat de rente de trois mille francs.

Elle est morte l'année dernière, laissant sa fille mariée et heureuse, et elle n'a jamais su d'où lui était venu ce contrat de rente.

— Tout cela est parfaitement exact, dit froidement M. Féraud. Après?

— Je me suis laissé dire, poursuivit Milon, que le bienfaiteur ne s'en était pas tenu là. En même temps qu'il assurait trois mille livres de rente à la fille et à la mère, il déposait dans une maison de banque de Marseille une somme de quarante mille francs destinée au fils du malheureux capitaine Faucillon.

— Exact encore, dit M. Féraud.

— Mais ce fils n'est revenu en France une première fois qu'au bout de dix ans. Il a trouvé sa mère heureuse, sa sœur sur le point de se marier, et il est reparti pour les Indes sans que le bienfaiteur anonyme ait été instruit de son arrivée.

Pendant ce temps, les intérêts des quarante mille francs se sont capitalisés, et le capital s'est trouvé plus que doublé.

— Il doit y avoir cent mille francs, aujourd'hui, dit M. Féraud.

— Alors, reprit Milon, comme vous êtes le mandataire de ce bienfaiteur, monsieur le conseiller...

— Le mandataire seulement, dit sèchement le vieux magistrat.

— Vous m'avez chargé de retrouver le fils du capitaine Faucillon.

— Oui. Et tu l'as retrouvé ?

— Au moins suis-je sur sa trace.

— Parle, je t'écoute.

Milon poursuivit :

— Ce jeune homme, qui est aujourd'hui âgé de trente ans environ, a mené une existence très-aventureuse : il a été matelot, commerçant, soldat à la solde de la compagnie des Indes, corsaire et peut-être bien un peu pirate.

— Ah !

— Cependant il a toujours envoyé régulièrement à sa mère de l'argent et des secours de toute nature.

Depuis dix-huit mois il est revenu ; sa mère était morte quand il arriva. Il alla voir sa sœur, et c'est par cette dernière que j'ai pu suivre sa piste.

— Il est donc encore reparti ?

— Pour les Indes, non ; mais il a quitté Marseille, il est venu à Aix d'abord, puis il paraît qu'il s'est marié, il y a quinze jours, dans un village des environs, à Saint-Maximin.

— Et tu es allé à Saint-Maximin ?

— Pas encore.

— Pourquoi ?

— Je vous attendais, monsieur le conseiller. Ah ! il faut vous dire que le fils Faucillon a changé de nom depuis longtemps ; il n'a pas eu le courage, comme sa mère et sa sœur, de garder le nom du guillotiné ; il en a pris un autre aux Indes, et la complaisance des autorités anglaises l'a ratifié.

Son passe-port, ses états de service, tous ses papiers, portent le même nom, et il n'aura dû avoir aucune difficulté à se marier.

— Et ce nom, tu le sais?

— Oui, monsieur le conseiller.

— Quel est-il?

— Le fils Faucillon s'appelle à présent Nicolas Butin.

A ces derniers mots de Milon, la verrue du conseiller s'agita, et il fit même un brusque mouvement sur son siége.

— Tu n'as pas besoin d'aller à Saint-Maximin, dit-il.

— Ah!

— Je sais où trouver le fils Faucillon, puisque c'est lui qu'on appelle Nicolas Butin.

Et le conseiller Féraud eut un geste qui voulait dire :

— Je n'ai plus besoin de toi.

Il était tard, dix heures peut-être, et M. Féraud n'avait pas soupé.

— Monsieur, lui dit Milon, que faut-il vous monter pour votre souper?

— Deux œufs sur le plat et un morceau de fromage, dit le conseiller; c'est jour maigre.

Un quart d'heure après, il soupait fort tranquillement; puis, au lieu de se mettre au lit, il s'asseyait devant une table chargée de papiers, et passait une partie de la nuit à compulser de volumineux dossiers.

On eût pu croire que l'ancien magistrat était encore en fonctions.

Il ne se coucha qu'au jour, dormit quatre ou cinq heures, et, en s'éveillant, appela Milon, qui lui servait aussi de valet de chambre.

— Tu vas aller chez mon neveu, M. de Saint-Sauveur, dit-il.

— Oui, monsieur.

— Il est bien possible qu'il ait passé la nuit au bal. Les magistrats de ce temps-ci ne sont pas comme ceux du mien.

Et le conseiller soupira.

— Tu lui diras que je vais à Aix, et que s'il veut me venir voir, il me trouvera dans la soirée. J'ai beaucoup de courses à faire, et il pourrait ne pas me rencontrer.

— Mais, monsieur, dit Milon, pourquoi n'allez-vous pas dîner chez votre neveu et votre nièce?

— Je n'ai pas le temps ; d'ailleurs, je repars demain matin.

Milon n'insista pas.

Tandis qu'il allait s'acquitter du message verbal, le conseiller s'habilla et sortit de son côté.

Où passa-t-il sa journée?

Milon ne le sut pas. Seulement il aurait parié que son maître était allé visiter les plus sombres quartiers de la ville, les faubourgs les plus misérables et les plus populeux.

A son retour, M. Féraud avait soupé comme la veille fort sobrement; puis il s'était remis au travail.

Milon lui avait dit :

— Monsieur le conseiller ne se trompait pas. M. de Saint-Sauveur a passé la nuit au bal et il était encore couché quand je suis allé chez lui.

— Alors tu ne l'as pas vu?

— Non.

— Et il n'est pas venu?

— Non, monsieur.

M. Féraud avait haussé légèrement les épaules, puis il s'était enfoncé dans ses paperasses.

A deux heures du matin il travaillait encore,

ainsi que M. de Saint-Sauveur et M. René de Lorge avaient pu le constater en voyant briller sa lampe, lorsque le marteau de la porte retentit tout à coup, soulevé par la main de ce jeune fou qui voulait forcer M. de Saint-Sauveur à faire à son oncle, le grave conseiller, une visite en costume de troubadour.

IV

M. Féraud, en entendant ce coup de marteau à une heure aussi indue, se leva de sa table de travail, un peu étonné; puis, comme il supposait avec quelque raison que son factotum Milon était couché et dormait, il alla ouvrir la fenêtre et se pencha en dehors.

La municipalité aixoise, à cette époque, n'avait pas encore inauguré l'éclairage au gaz, et la place du Palais-de-Justice était plongée dans les ténèbres.

M. Féraud vit bien, à la porte, deux hommes, mais il ne put distinguer leur singulier accoutrement.

— Qui frappe? demanda-t-il.

— Monsieur le conseiller, répondit la voix joyeuse de René de Lorge, c'est votre neveu, M. de Saint-Sauveur, et un de ses amis qui désireraient vous présenter leurs devoirs.

— C'est bien, messieurs, répondit courtoisement le conseiller. Excusez-moi si je vous fais attendre, mon domestique est couché. Je descends vous ouvrir.

Et, en effet, le bonhomme, qui était fort simple, prit sa lampe, posa sur son crâne chauve un bonnet de soie noire, ferma les agrafes de sa robe de chambre et descendit assez lestement.

Milon n'avait rien entendu et dormait.

La porte ouverte, le vieillard fit un pas en arrière et demeura stupéfait.

En jeune fou qu'il était, M. René de Lorge avait poussé M. de Saint-Sauveur devant lui, et le grave conseiller se trouvait en présence de son neveu en costume de carnaval.

— Excusez-nous, monsieur le conseiller, dit le jeune homme en riant, nous sommes travestis comme la moitié de la ville.

— Monsieur, répliqua sévèrement le conseiller Féraud, vous êtes jeune, indépendant, et vous avez le droit de vous affubler comme bon vous semble.

— Mon oncle! balbutia M. de Saint-Sauveur.

— Mais vous, monsieur, reprit M. Féraud en regardant son neveu, vous qui avez l'honneur de porter la robe du magistrat, osez-vous bien vous présenter ainsi devant moi!

Et il foudroyait son neveu du regard.

— Mon oncle, dit humblement M. de Saint-Sauveur, je ne voulais pas entrer... c'est ce fou de René...

M. Féraud imposa silence d'un geste au jeune magistrat, et, se tournant vers M. René de Lorge :

— Vous pensez bien, monsieur, lui dit-il, que je comprends toutes les plaisanteries, même celles qui sont d'un goût douteux. Aussi bien je vous remercie de votre visite et je n'insiste pas pour vous faire monter dans mon modeste pied-à-terre. Si jamais vous passez la Durance et me voulez faire l'honneur de venir me voir à la Poulardière, je vous recevrai avec l'empressement et les égards que mérite le nom que vous portez.

C'était courtois et sec tout à la fois.

M. René de Lorge était un garçon d'esprit qui ne reculait pas devant l'aveu de ses torts

—.J'irai certainement, monsieur le conseiller, répondit-il, ne serait-ce que pour me faire pardonner l'inconvenance de ma conduite de ce soir. Mais ne soyez pas trop sévère; nous nous amusons si rarement à Aix, que la ville entière a l'esprit à l'envers. Je suis un peu gris, et votre grave neveu l'est pareillement.

En effet, M. de Saint-Sauveur flageolait légèrement sur ses jambes.

Et M. René de Lorge fit un pas de retraite et salua.

Le conseiller lui rendit son salut.

— Au revoir, monsieur, et bonne nuit, dit-il.

M. de Saint-Sauveur allait suivre son ami.

— Vous, dit le conseiller d'un ton impératif, restez !

On obéit toujours à un oncle dont on est l'héritier et qui passe pour avoir cent mille francs de rente.

M. de Saint-Sauveur demeura donc.

Le conseiller reconduisit M. de Lorge avec la plus exquise courtoisie, ferma la porte, et montrant l'escalier à son neveu :

— Montez, monsieur, lui dit-il.

— Ce gredin de René me le payera, pensait le

jeune magistrat qui commençait à se dégriser.

Il arriva au troisième étage, et son oncle l'introduisit dans son cabinet.

C'était une vaste pièce, froide et sombre, avec de vieux meubles noirs, un tapis usé ; les murs étaient couverts de rayons renfermant des livres poudreux ; la cheminée n'avait pas de glace.

Au-dessus de la pendule on voyait un vieux portrait représentant le chancelier de l'Hospital.

Alors le conseiller regarda de nouveau son neveu :

— Ah! monsieur, dit-il, si j'avais pu prévoir que vous déshonoreriez ainsi la toge, je vous eusse empêché de la porter jamais.

— Mon oncle...

— Vous êtes magistrat, monsieur, poursuivit le conseiller Féraud ; vous êtes juge d'instruction et vous vous habillez en pasquin ! C'est une indignité.

— Mon oncle, pardonnez-moi... Je vous jure...

— Monsieur, continua le vieillard avec majesté, à l'heure où vous courez les rues avec les fous de votre espèce, il y a une honorable et ancienne famille qui est dans le deuil et les larmes.

M. de Saint-Sauveur tressaillit.

— Il y a un homme qui est en prison, sous le poids d'une accusation terrible, et, au lieu de rechercher nuit et jour les preuves de son innocence ou de sa culpabilité, au lieu de chercher à éclairer votre conscience, vous passez vos jours et vos nuits dans les plaisirs et l'orgie!

Ah! continua le vieillard, il est vrai que vous avez une autre réputation dans le monde que cet homme morne et farouche qu'on appelle le conseiller Féraud!

Vous êtes un beau danseur, vous avez une jolie femme ; vous conduisez à ravir une contredanse; vous possédez des chevaux anglais, vous avez restauré votre hôtel et l'avez empli de meubles luxueux et de futilités ruineuses; quand vous passez sur le Cours, dans votre landau découvert, ou conduisant vous-même votre tilbury attelé d'un magnifique trotteur, les hommes vous envient, les femmes vous adressent des sourires et vous disent :

— Voilà le juge d'instruction le plus fringant du monde, à la bonne heure! Ce n'est pas lui qui vit retiré à la campagne, comme un sauvage, comme un grigou, comme cet affreux conseiller Féraud, qui voyait partout des criminels, et qui nous faisait trembler quand il montait sur son siége.

Ah! ce n'est pas le neveu qui pâlirait la nuit sur des dossiers, qui serait vêtu comme un pauvre, qui mangerait dans de la vaisselle ébréchée, et se servirait de vieux linge jauni et usé.

Ce n'est pas lui qui habiterait un taudis au troisième étage de la maison qu'il loue à des gens sans aveu. Ah! ah! ah! le cuistre a pour neveu un galant homme, au moins!...

Et la voix du vieillard était empreinte d'une ironie mordante et cruelle, et M. de Saint-Sauveur baissait la tête devant lui comme un de ces criminels qu'il avait pour mission d'interroger.

Tout à coup il s'arrêta, cessa de se promener à grands pas par la chambre, et regardant fixement son neveu :

— Ecoutez-moi, dit-il. Vous êtes le fils de ma sœur et le seul parent que j'aie. Vous aurez ma fortune un jour, et si vous n'étiez pas venu ici ce soir, peut-être n'auriez-vous su qu'après ma mort ce que je vais vous dire à présent, car il est temps encore, je l'espère, de vous donner une leçon.

Et M. Féraud s'assit.

— Mon neveu, reprit-il, j'ai été magistrat pendant quarante années; magistrat inflexible, n'obéissant qu'à ma conscience et à la loi. On m'a fait une réputation douloureuse, cruelle même. On a prétendu que j'avais été un homme passionné et vindicatif. On a menti. Ceux qui ont dit cela m'ont calomnié.

Instrument de la loi, j'ai frappé ceux qui avaient encouru les rigueurs de la loi, et chaque fois que j'ai pu trouver un innocent, je me suis jeté à genoux et j'ai remercié Dieu.

Je me suis trompé une fois, — l'homme n'est pas infaillible ; j'ai pleuré mon erreur et j'ai fait le serment de la réparer tôt ou tard.

Voilà, monsieur, ce qu'a été le magistrat.

Voulez-vous que je vous parle de l'homme ?

Je suis riche ; j'ai cent mille francs de rente. Que fais-je de cette fortune, énorme dans nos pays ?

Ecoutez le monde, et il vous dira :

Le conseiller Féraud est un vieil avare ; il enfouit son argent, il se refuse le nécessaire, ne donne rien à son neveu et fait à peine quelques maigres aumônes.

Dit-on cela? Répondez!

M. de Saint-Sauveur baissa la tête et se tut.

— Eh bien! reprit le conseiller Féraud, le monde se trompe encore, et il me calomnie, car je dépense mes revenus.

A ces derniers mots, M. de Saint-Sauveur leva sur son oncle un regard effaré, et parut se demander si le bonhomme n'était pas devenu fou, car il était incapable de mentir.

— Je dépense mes revenus, répliqua M. Féraud, et je vais vous le prouver.

Sur ces mots, il se leva, alla ouvrir un tiroir de la bibliothèque et en tira une sorte de registre qu'il posa sur la table en disant :

— Voilà mon livre de dépenses et de recettes.

Le jeune magistrat était stupéfait.

V

Le conseiller ouvrit le registre et le plaça sous les yeux de son neveu.

Chaque page portait un millésime et quatre dates, janvier, avril, juillet et octobre.

— Lisez, dit le conseiller.

M. de Saint-Sauveur tomba sur la première page et lut :

« Janvier 1829. — Reçu du fermier de la Poulardière, trois mille francs, pour le premier terme de son loyer.

« Reçu de M. Bonard, notaire, trente-deux mille francs, pour solde de mes revenus, tant hypothécaires que sur le grand-livre, du deuxième semestre de 1828.

« Reçu de Jean-Louis, mon fermier de la Tour-d'Aigues, quinze cents francs à compte.

« Total : trente-six mille cinq cents francs. »

La page était divisée en deux colonnes.

La première était consacrée aux recettes.

M. de Saint-Sauveur lut dans la seconde :

« Donné à Milon six mille livres pour Toulon.

« Acheté la maison de la veuve Honoré, acquisition et frais d'acte compris, dix-huit mille francs.

« Assurance sur la vie pour le fils Honoré, douze cents francs.

« A divers, trois mille francs.

« A l'exécuteur des hautes œuvres injustement destitué, quatre mille francs, à titre d indemnité. »

M. de Saint-Sauveur était plongé dans la stupeur et n'osait même pas demander une explication.

— Je vois que vous ne comprenez pas, dit M. Féraud.

M. de Saint-Sauveur eut un geste qui voulait dire :

— En effet, je ne comprends pas.

— Mon neveu, poursuivit le vieillard, il y avait deux hommes en moi : l'homme public et l'homme privé.

Le premier était magistrat avant tout. Sévère interprète de sa loi, il frappait.

L'autre avait pitié des faiblesses humaines ; il trouvait la loi souvent inexorable, et il cherchait à en adoucir les rigueurs.

Chaque fois que la société châtie un coupable, sa vengeance atteint forcément un innocent. L'assassin qui porte sa tête sur l'échafaud laisse quelquefois derrière lui une famille vouée à l'opprobre, à la misère, des enfants à qui on reprochera le crime de leur père, et qui deviendront criminels à leur tour.

Quand j'avais demandé et obtenu cette tête

qui devait tomber pour la sécurité de la société, je regardais en arrière, et presque toujours je découvrais une femme, un mari, une sœur ou des enfants dignes de pitié.

Alors je bénissais le ciel qui m'avait fait naître riche et je réparais pour ces malheureux le mal que la société leur avait fait.

Chaque trimestre, Milon va au bagne de Toulon, et il distribue aux galériens qui ont une bonne conduite et témoignent du repentir, une somme dont le chiffre varie.

Savez-vous ce que c'est que cette veuve Honoré dont le nom figure sur cette page?

C'était la femme d'un portefaix de Marseille; ils étaient jeunes, laborieux; ils avaient amassé un petit pécule et acheté une maisonnette; un enfant était venu mettre le comble à leur bonheur.

Un jour, Honoré, qui était un homme doux et inoffensif, eut le malheur de se griser. Le vin est souvent terrible chez certaines natures. Il se prit de querelle dans un cabaret, il tira son couteau pour se défendre, et il tua, il tua trois personnes l'une après l'autre. L'agneau était devenu bête fauve.

Aujourd'hui on aurait accordé à ce malheureux des circonstances atténuantes ; mais alors on abusait un peu de la peine de mort. Le malheureux fut guillotiné.

J'ai racheté le magasin de la pauvre veuve, qu'on allait vendre pour payer les frais du procès ; j'ai recueilli l'enfant, qui aura vingt mille francs à sa majorité, et qui, Dieu aidant, sera un honnête homme.

Commencez-vous à comprendre, mon neveu ?

M. de Saint-Sauveur ne répondit pas.

Il s'était prosterné devant le vieillard, et deux grosses larmes coulaient sur ses joues.

M. Féraud releva son neveu ; puis d'une voix émue :

— Je ne comptais pas te faire moi-même cette confidence, mon enfant, et sans les circonstances impérieuses qui nous dominent, à ton insu peut-être, tu n'aurais connu ton oncle tout entier qu'après sa mort. Maintenant que tu sais tout, causons, et causons sérieusement. Assieds-toi là.

Et le vieillard se plaça en face de M. de Saint-Sauveur.

— Mon enfant, reprit-il, j'arrive d'un pays où l'on s'est ému beaucoup de l'arrestation de M. le baron Henri de Vénasque.

— Je le sais, mon oncle.

— Les uns s'acharnent à le croire coupable, les autres proclament hautement son innocence.

— Je crois qu'ils ont tort, mon oncle.

— Je suis venu à Aix, poursuivit le vieillard, non-seulement pour mes affaires personnelles, mais aussi pour te parler de cela.

Et, comme M. de Saint-Sauveur témoignait par un geste sa surprise de voir son oncle s'intéresser à M. de Vénasque, le vieillard continua :

— Avant de t'expliquer le mobile de ma propre conduite, laisse-moi t'interroger. Tu as fait l'instruction de cette affaire ?

— Oui, mon oncle.

— Tu crois M. de Vénasque coupable ?

— Oui, mon oncle.

— Eh bien ! suppose que je représente la cour d'assises et formule ton réquisitoire; ne t'étonne pas, j'ai mes raisons pour en agir ainsi.

— Mon oncle, dit alors M. de Saint Sauveur, le baron Henri de Vénasque était amoureux de Mlle de Montbrun. Vous savez que les deux familles....

— Sont ennemies.... oui... passons...

— Mlle de Montbrun avait obtenu le consentement de son père, mais son oncle résistait.

— Bien. Cela devait être.

— Selon moi, M. de Vénasque a demandé au crime l'aplanissement des obstacles qui s'élevaient entre Mlle de Montbrun et lui.

— Voilà ce qu'il faut me prouver.

— M. de Vénasque a quitté sa demeure, le château de Belleroche, le 13 avril. Où allait-il? Suivant lui, rejoindre la duchesse de Berri. Mais la duchesse de Berri n'est débarquée que dans la nuit du 29, c'est-à-dire dix jours après.

Il est vrai que le 18 mai suivant on le retrouve dans les rangs de la petite armée insurrectionnelle qui marche sur Nantes à travers la Vendée. Qu'a-t-il fait depuis le 19 avril? Il cherche à l'expliquer en prétendant qu'il a été averti du prochain débarquement de la duchesse huit jours trop tôt.

— Et où a-t-il passé ces huit jours?

— Dans une cabane de pêcheurs, au bord de la mer, dit-il. Seulement il ne veut pas nommer ceux qui lui ont donné un refuge, sous prétexte qu'il les compromettrait vis-à-vis du gouvernement.

— Quel jour le château de Montbrun a-t-il été incendié par les pénitents noirs?

— Le 2 mai.

— Alors, selon toi, auparavant que d'aller en Vendée, M. de Vénasque a commandé la bande des pénitents noirs?

— Oui, mon oncle.

— C'était lui qu'on appelait le capitaine?

— Parfaitement.

— Et c'est lui qui a fait feu sur M. Joseph de Montbrun?

— Oui.

— Mais il avait un capuchon sur la tête?

— Sans doute.

— Et M. de Montbrun a-t-il vu son visage?

— Non.

— A quoi donc l'a-t-il reconnu?

— A la voix.

M. Féraud fit un petit mouvement qui ressemblait à un haussement d'épaules.

— Continue, dit-il.

— Pour moi, une preuve probante s'il en fut, poursuivit M. de Saint-Sauveur, ce sont les paroles échappées au capitaine des pénitents noirs avant de faire feu sur M. de Montbrun.

— Qu'a-t-il dit?

— « De cette façon, tu ne me refuseras pas ton consentement. »

C'était là une allusion à son mariage projeté avec la nièce de la victime.

— Ah! dit M. Féraud, il a dit cela?

— Oui; M. de Montbrun l'affirme.

— En présence des autres bandits?

— Naturellement.

— Mais d'eux seulement?

— Non, dit M. de Saint-Sauveur; il y avait encore le valet de chambre de M. de Montbrun.

— Voilà où je t'attendais, dit froidement le conseiller.

— Mon oncle...

— Mon cher enfant, dit le vieux magistrat, à ton tour, écoute-moi.

Et le conseiller se leva, comme s'il eût voulu donner plus d'autorité à sa parole.

VI

M. Féraud avait redressé sa haute taille, rejeté la tête en arrière ; son œil brillait d'intelligence et de jeunesse, il avait vingt ans de moins en ce moment.

— Mon ami, dit-il, si ce témoignage dont tu me parles est la preuve la plus accablante, je vais te démontrer que rien n'est moins établi que la culpabilité de M. de Vénasque.

— Oh ! par exemple, mon oncle !

— Entendons-nous bien, reprit le conseiller. Le capitaine des pénitents noirs a fait feu sur M. de Montbrun.

— Oui.

— Avec l'intention évidente de le tuer.

— La certitude même, mon oncle, car ce n'est que par miracle que M. de Montbrun n'est pas mort.

— Très-bien. Et avant de faire feu, le misérable a dit : « Au moins, tu ne me refuseras pas ton consentement. »

— Ces paroles seront consignées dans l'instruction.

— Eh bien, reprit M. Féraud, suppose une chose.

— Parlez, mon oncle.

— Que le capitaine de ces mystérieux pénitents noirs se soit trouvé tête à tête avec sa victime.

— Bon!

— Que, sûr de le tuer, il lui ait adressé cette railleuse apostrophe; que M. de Montbrun, échappant à la mort par un hasard providentiel, vienne dire aux juges : Nous étions seuls, il tenait ma vie dans ses mains; pour moi, j'étais mort d'avance, et il m'a parlé ainsi. Donc, cet homme dont je n'ai pu voir le visage, mais qui me parlait de ma nièce, c'était celui qui, moi vivant, ne pouvait l'épouser : c'était M. Henri de Vénasque. La victime parlant ainsi formulerait contre le baron la plus formidable des accusations, et les juges condamneraient. Mais la victime et le meurtrier n'étaient pas seuls, ajouta M. Féraud.

— Ah! mon oncle, répondit M. de Saint-Sauveur, vous pensez bien que les autres bandits étaient au courant des propos de leur capitaine. Il n'avait donc pas à se gêner devant eux.

— Aussi, n'est-ce pas d'eux que je m'occupe en ce moment, mais du domestique.

M. de Saint-Sauveur tressaillit.

—De ce domestique qui a entendu ces paroles, qui pouvait les répéter un jour à sa jeune maîtresse, et qu'on n'a pas tué. Pourquoi, puisqu'on tire sur le maître, laisse-t-on vivre le valet?...

Un coup de pistolet est bientôt tiré, et les bandits que personne n'inquiète ont tout le temps de se retirer. Un cadavre de plus ou de moins, que leur importe!

Eh bien, non, ils s'en vont, laissant le domestique garrotté, mais vivant.

Pourquoi?

Afin que, tôt ou tard, une voix s'élève et dise : Le capitaine des pénitents noirs, c'était l'homme qui voulait épouser Mlle de Montbrun, c'était M. de Vénasque.

— Mon oncle, dit M. de Saint-Sauveur, ce que vous dites là renverse toutes mes opinions.

— C'est-à-dire, poursuivit M. Féraud, que

cette preuve de culpabilité, selon toi, serait, pour moi, une preuve d'innocence.

— Mais, mon oncle...

— Ecoute-moi donc jusqu'au bout, car tu dois t'étonner de me voir chercher avec tant de sollicitude les preuves en faveur du neveu, moi qui ai poursuivi l'oncle, le grand Vénasque, avec tant d'acharnement.

— Vous le croyiez pourtant coupable ?

— Sans doute. N'aurais-je pas abandonné l'instruction, sans cela ?

— Cependant, il fut acquitté.

— A ma grande surprise, je l'avoue.

— Cependant il était coupable.

— Je l'ai cru pendant dix ans.

— Ah !

— Et j'ai maintenant la preuve qu'il était innocent et que je m'étais trompé.

M. de Saint-Sauveur eut un geste d'étonnement.

— Attends encore, reprit le vieillard. M. le chevalier de Vénasque avait près de dix pieds. Cette taille peu commune fut une des preuves les plus accablantes contre lui. On trouva sur le théâtre du crime un pistolet dont le pommeau était armorié. Ces armoiries étaient celles des Vénasque. Il fut impossible au chevalier d'expliquer l'emploi de son temps durant la nuit où le vieux M. de Montbrun avait été assassiné.

La rumeur publique accusait ce géant, et, quand arriva le jour des débats, j'étais sûr de sa condamnation. Heureusement la Providence veillait, et l'innocent ne fut point frappé à la place du coupable.

— Mais, mon oncle, dit M. de Saint-Sauveur, comment avez-vous donc eu la preuve de son innocence?

— Dix années après, je me suis trouvé en présence du vrai coupable.

— Est-ce possible ?

— Et il m'a avoué son crime.

— Oh! fit M. de Saint-Sauveur stupéfait.

— Il y a cinq ans de cela, poursuivit M. Féraud. Je venais d'être mis à la retraite. Tu sais que j'ai des fermes dans le département de Vaucluse, auprès d'Apt, dans la vallée du Calavon?

M. de Saint-Sauveur fit un signe affirmatif.

— J'étais allé visiter mes fermes et je revenais dans le coupé de la diligence, une voiture neuf places, dont six d'intérieur et trois de coupé. Il n'y avait pas de postillon, c'était le conducteur qui tenait les guides.

Nous étions en hiver. Il faisait froid dans la montagne, dont les cimes étaient couvertes de neige, et les voyageurs étaient rares.

Deux femmes occupaient l'intérieur, j'étais seul dans le coupé. Partis d'Apt à trois heures du matin, nous étions à cinq heures dans la gorge de Lourmarin.

Tu vois d'ici cette vallée étroite, cette route courant au travers de deux chaînes de rochers à pic, qui ont cent pieds de haut, et sur lesquels se détache une végétation rabougrie et sauvage.

Pendant deux lieues, pas une maison, pas un champ cultivé, aucune trace du voisinage des hommes.

Tu sais bien que, lorsque l'hiver est sec, la récolte mauvaise, les vols à main armée deviennent plus fréquents : la montagne est là pour cacher les voleurs.

Il était donc cinq heures au moment où nous entrions dans la gorge, c'est-à-dire nuit complète encore.

La route, neigeuse et durcie par la gelée, était si mauvaise que, bien qu'ils fussent ferrés à glace, les chevaux glissaient à chaque pas.

Tout à coup la voiture s'arrêta brusquement.

Je sommeillais et me trouvai éveillé en sursaut.

Malgré l'obscurité, on voyait des ombres noires en travers de la route; et le postillon, ivre de terreur, avait dégringolé de son siége.

Je vis tout de suite à qui nous avions affaire.

Quatre hommes, le visage noirci ou couvert d'un mouchoir, le fusil à l'épaule, ordonnaient aux voyageurs de descendre.

Les deux femmes jetaient des cris; le postillon avait perdu la tête; moi, je conservai tout mon sang-froid, et je descendis tranquillement, tandis que les bandits s'approchaient.

Ils commencèrent par les deux femmes, à qui ils enlevèrent le peu d'argent qu'elles avaient.

Puis, celui qui paraissait être leur chef s'avança vers moi.

C'était un homme de taille gigantesque; il avait le visage noirci, mais ses cheveux étaient blancs.

Cette taille démesurée éveilla un souvenir et un soupçon dans mon esprit.

La présomption la plus terrible qui s'était

élevée jadis contre M. de Vénasque, c'était sa taille extraordinaire, et je retrouvais un voleur de grands chemins grand comme lui.

Cet homme vint à moi; me mit la main sur l'épaule et me dit :

— Vous êtes le conseiller Féraud ?

— Je suis bien M. Féraud, lui répondis-je, mais je ne suis plus conseiller.

— Et c'est bien heureux pour vous, me dit-il en riant. Nous vous eussions tué, et nous allons nous contenter de vous voler. J'avais touché une somme relativement importante, quatre mille francs.

Les bandits le savaient.

Je donnai ma bourse, ma montre et les quatre mille francs que j'avais dans ma valise en pièces d'or et en écus de cinq francs.

Les voleurs ne se contentèrent pas de cela. L'un d'eux voulut une bague que j'avais au doigt, celle-là, dit M. Féraud qui montra à son neveu une chevalière qu'il portait à l'index de la main gauche.

Le géant voulait me la laisser.

Un des voleurs dit :

— Il est toujours généreux, le capitaine.

Ce mot me fit tressaillir.

Je retirai la bague de mon doigt et je la tendis au grand vieillard :

— Mon ami, lui dis-je, vous avez, je le vois, entendu parler de moi.

— Pardieu ! répondit-il, qui donc ne vous connaît pas ?

— Croyez-vous à ma parole d'honneur ?

— Pour ça, oui.

— Si je vous jure que vous pouvez venir librement, en plein jour, me voir chez moi, à mon domaine de la Poulardière, et me rapporter cette bague qui me vient de mon père et à laquelle je tiens beaucoup, et qu'en échange je vous donnerai mille francs, et que vous pourrez vous en aller comme vous serez venu, sans être inquiété, ni dénoncé, alors même que je vous connaîtrais, me croirez-vous ?

— Je vous crois, me répondit-il.

Et il prit la bague.

VII

M. de Saint-Sauveur écoutait le vieux conseiller avec une religieuse attention.

Celui-ci s'arrêta un moment pour reprendre haleine, puis il continua :

— J'ai, pendant ma longue carrière, fait cette remarque que les voleurs ont leur probité, une probité singulière, j'en conviens, mais enfin qui existe.

Ils tiennent la parole qu'ils ont donnée, et ils croient à celle qu'on leur donne.

J'étais revenu à la Poulardière depuis huit jours, et, après nous avoir dévalisés, les bandits nous avaient laissé continuer notre voyage, quand, un soir, le jardinier vint me prévenir qu'un homme qu'il ne connaissait pas demandait à me parler.

C'était mon voleur.

Je vis un homme d'environ soixante ans, vêtu comme un paysan aisé et qui avait l'air aussi honnête que possible.

Mon jardinier ne le connaissait pas ; mais

je le reconnus, moi, pour un fermier des environs de Lourmarin.

Je le fis entrer dans mon cabinet; puis, quand nous fûmes seuls, il me tendit silencieusement ma bague.

— J'ai eu confiance en vous, comme vous voyez, me dit-il.

J'ouvris un tiroir et j'y pris un rouleau d'or.

Il le prit, me salua et allait se retirer sans mot dire lorsque je l'arrêtai d'un geste.

— Mon ami, lui dis-je, je vous ai trompé.

Il tressaillit et jeta un regard d'inquiétude autour de lui.

— Je vous ai trompé, répétai-je, en vous disant que je tenais à cette bague; ce n'était pas le vrai motif qui me faisait désirer de vous revoir. Rassurez-vous, du reste, vous êtes en sûreté ici, et vous pourrez vous en aller quand je vous aurai parlé; asseyez-vous.

Il demeura debout devant moi, mais il attendit.

— Mon ami, lui dis-je, je ne suis plus magistrat, et les choses de la justice ne me regardent plus. Je sais qui vous êtes...

Et je lui dis son nom.

— Mais soyez tranquille, repris-je, je ne vous dénoncerai pas. Vous faites un vilain métier, à votre âge ; vous n'êtes pourtant pas dans la misère.

— J'ai des dettes, reprit-il ; mon propriétaire n'attend que la fin de mon bail pour m'expulser.

— Combien devez-vous ?

— Sept mille francs.

— Si je vous les donnais....

Il me regarda tout ahuri.

— Ecoutez, lui dis-je. Au temps où j'étais magistrat, j'ai traîné devant la cour d'assises un homme que je croyais coupable et qui pouvait bien être innocent. Je suis vieux, je veux mettre ma conscience en repos avant de mourir, et peut-être pouvez-vous m'aider en cela. Si je vous jure que jamais je ne prononcerai votre nom, que j'emporterai dans la tombe le secret que vous m'avez confié, ou plutôt l'aveu que vous en ferez, me croirez-vous encore ?

— Oui, me dit-il, en arrêtant sur moi un regard tranquille.

— Eh bien, fis-je encore, répondez-moi franchement : vous êtes-vous toujours contenté d'arrêter sur les grands chemins, n'avez-vous jamais versé de sang?

Et j'attachai sur lui, tout en lui parlant avec douceur, ce regard pénétrant du juge qui descend au plus profond des âmes coupables.

Il se troubla légèrement.

— Je sais ce que vous voulez dire, répondit-il. C'est ma grande taille qui m'a fait reconnaître. Eh bien! oui, c'est moi qui ai assassiné M. de Montbrun et qui étais le chef des pénitents noirs.

Malgré cet aveu, ma conscience n'était pas soulagée encore. J'avais dit à cet homme que je payerais ses dettes. Qui me répondait qu'il ne s'accusait pas, par cupidité, d'un crime qu'il n'avait pas commis?

Je voulus alors qu'il me racontât la catastrophe du château de Montbrun dans ses plus minutieux détails.

Pour cela, je me mis à l'interroger comme si j'avais été encore magistrat.

Ses réponses nettes, précises, concordaient avec tous les faits que j'avais jadis relevés dans l'instruction. Cet homme était le vrai coupable, et le chevalier de Vénasque, dont j'avais demandé la tête, était innocent.

A ces derniers mots, le conseiller Féraud couvrit son visage de ses mains et parut accablé sous le poids de ses souvenirs.

M. de Saint-Sauveur vit même une larme qui roulait lentement sur sa joue osseuse et jaune comme ses vieux parchemins.

Enfin, après un nouveau silence, le conseiller continua :

— J'ai payé les dettes de cet homme et j'ai tenu la parole que je lui avais donnée. Jamais on ne saura son nom, et il mourra probablement dans son lit.

Mais, dans mon testament, après ma mort, on trouvera quelques lignes qui achèveront la réhabilitation de M. le chevalier de Vénasque.

Et, regardant son neveu, M. Féraud reprit :

— Maintenant suis bien mon raisonnement. Un homme a laissé échapper des paroles qui tendaient à laisser croire qu'il avait un autre intérêt que celui du pillage à tuer M. Joseph de Montbrun. Personne n'a vu cet homme à visage découvert. Personne, jusqu'à présent, ne peut dire que c'était M. Henri de Vénasque.

— Mais, mon oncle, dit M. de Saint-Sauveur, j'ai réuni ici d'autres témoignages.

— Voyons ?

— D'abord, celui du conducteur de la diligence, le Gavot.

— Bon ! Qu'a-t-il dit?

— Il affirme d'abord avoir reconnu M. de Vénasque à sa tournure.

— Et puis?

— Et avoir entendu quelques mots échangés entre lui et le passeur Simon, sur le bateau.

— Que disaient-ils?

— Simon est très-dévoué à la famille de Vénasque.

— Je sais cela.

— Au moment où il passait les pénitents noirs, le capitaine s'étant approché de lui, il lui dit tout bas : « Oh! monsieur Henri, jamais je n'aurais cru cela de vous. »

— Et qu'a répondu le capitaine?

— « Tais-toi, il fait mauvais avoir la langue trop longue. »

— C'est le Gavot qui a surpris ce dialogue?
— Oui.

— Et Simon en convient-il?

— Il a commencé par nier. Mais quand, sur le christ, je l'ai adjuré, au nom de la loi et de la justice, d'avoir à dire la vérité, il a tout avoué.

— A-t-il vu le capitaine à visage découvert?

— Non.

— Le croit-il coupable ?

— Oui.

Il y eut un moment de silence, puis M. Féraud continua :

— Quand arrivera l'affaire?

— A la prochaine session, c'est-à-dire dans quinze jours.

— Cela est impossible.

— Mais mon oncle...

— Mon neveu, dit le vieillard d'un ton sévère, prenez garde ! On ne joue pas avec la vie humaine, on n'a pas le droit de demander une tête tant qu'une présomption d'innocence, si faible qu'elle soit, la protége. En vertu de votre pouvoir discrétionnaire de juge d'instruction, vous pouvez faire remettre cette affaire à une autre session, et vous le ferez, car d'ici là...

— D'ici là? dit M. de Saint-Sauveur.

— L'innocence de M. de Vénasque triomphera peut-être, et je t'aiderai dans ta tâche.

— Mais vous croyez donc à cette innocence, mon oncle?

— J'y crois, dit le vieillard.

Sa voix avait une fermeté qui étonna M. de Saint-Sauveur, mais ne le convainquit point.

Le jeune magistrat fit même cette réflexion mentale :

— Parce que l'oncle était innocent et qu'il s'est trompé, il voudrait innocenter le neveu, même coupable...

— Ainsi donc, reprit M. Féraud, tu me promets de demander le renvoi à une autre session.

— Oui, mon oncle.

— Et de venir à la Poulardière dans huit jours?

— Oui, mon oncle. Mais...

— Là tu pourras faire un supplément d'enquête, acheva le vieillard, et, je le répète, je t'aiderai de mes lumières et de ma vieille expérience.

Le jour allait bientôt paraître, quand l'oncle et le neveu se séparèrent.

— Hâtez-vous de rentrer chez vous, monsieur, dit le vieux magistrat, et jetez-moi au feu ces oripeaux.

M. de Saint-Sauveur reprit le chemin de la place Saint-Albertas où il habitait un vieil hôtel situé vis-à-vis de l'hôtel de Vénasque.

Comme il traversait la place, il leva les yeux sur cette maison dont le propriétaire était en prison comme le plus vil des criminels, et il tressaillit :

— Qui sait si ce n'est pas moi qui me trompe, dit-il, et mon oncle qui a raison?...

Derrière les rideaux d'une fenêtre tremblotait une bougie. Qui donc veillait à cette heure dans cette maison ordinairement déserte?

Quelle âme en deuil avait passé la nuit en prières ?

Et M. de Saint Sauveur contempla longtemps cette lueur mystérieuse, oubliant que le jour allait le surprendre dans ce costume de troubadour qui avait fait monter le rouge de la honte au front du vieux magistrat !

VIII

M. de Saint-Sauveur rentra chez lui.

Tandis que son valet de chambre le déshabillait, il avait toujours les yeux fixés, au travers de la croisée, sur cette lumière qui luttait, à l'autre bout de la place, avec les clartés indécises de l'aube.

M. de Saint-Sauveur se demandait qui pouvait être venu dans cet hôtel toujours désert ; et comme il se posait toujours cette question, un souvenir traversa son esprit.

Il se rappela que huit mois auparavant, rentrant un soir assez tard, il avait pareillement vu une lumière à l'une des fenêtres de l'hôtel.

Seulement, alors, il n'y avait prêté aucune attention.

Pourtant une circonstance lui permettait de savoir le jour précis où cette lumière l'avait frappé.

M. de Saint-Sauveur se souvenait parfaitement que c'était en sortant d'un bal chez la présidente de N..., qu'il avait jeté un regard de satisfaction hautaine sur l'hôtel de Vénasque et murmuré :

— Quand on pense que Mme de Saint-Sauveur a failli habiter là-bas et s'appeler la baronne de Vénasque !

Puis, remarquant cette lumière, il s'était dit encore :

— Est-ce que ces hobereaux viennent passer l'hiver à Aix ?

M. de Saint-Sauveur se rappelait tout cela pendant que son valet de chambre le déshabillait.

Pourquoi ?

Il ne le savait pas lui-même.

Cependant, quand il eut fait sa toilette de nuit et congédié le valet, au lieu de se mettre au lit, il ouvrit son secrétaire et y chercha un carnet sur lequel il avait coutume d'inscrire une foule de choses, et il y chercha la date du bal de la présidente, date qu'il trouva sans peine.

Cette date était celle du 27 avril.

Le bal de la présidente avait précédé de deux jours le débarquement de la duchesse de Berri.

Pouquoi donc le juge d'instruction tenait-il à savoir cette date ?

Voilà ce qu'il n'aurait pu dire lui-nême.

Donc il ne se mit pas au lit.

Il demeura, au contraire, accoudé sur l'entablement de la croisée, les yeux toujours fixés, au travers des vitres, sur l'hôtel de Vénasque, à l'autre bout de la place.

L'aube avait fait place à l'aurore, et dans le ciel tout rouge courut tout à coup une gerbe lumineuse. Le soleil de Provence ruissela sur les toits.

Alors la lumière s'éteignit.

M. de Saint-Sauveur se mit au travail et reprit ce fameux dossier sur lequel il pâlissait depuis six semaines. Son entretien avec le conseiller Féraud lui revenait en mémoire. Parfois il croyait encore entendre la voix sévère du vieux magistrat, lui démontrant que toutes les preuves de culpabilité groupées ensemble ne prouvaient pas grand'chose, et il relisait un à un tous ces témoignages recueillis sous sa dictée par un secrétaire, dans son cabinet de juge d'instruction, et l'opinion de son oncle commençait à devenir la sienne. Tout parais sait accuser M. de Vénasque, mais rien ne prouvait d'une façon péremptoire sa culpabilité.

M. de Vénasque était en prison. Etait-ce donc sa vieille tante qui était venue à Aix et passait la nuit en prières?

M. de Saint-Sauveur interrompait parfois son travail pour s'adresser cette question.

Enfin, il se leva et sonna.

— Je le saurai, dit-il.

Le valet de chambre revint tout somnolent, car il avait passé la nuit à attendre son maître et ne s'était point couché.

— Baptistin, lui dit M. de Saint-Sauveur, tu es un garçon intelligent, je vais te charger d'une mission délicate.

Le valet attendit.

— Il faut que tu saches si Mlle de Vénasque est à Aix.

— Je puis répondre à monsieur tout de suite, dit le valet.

— Ah !

— Hier soir, j'étais sur la place avec deux de mes camarades, quand la voiture est arrivée, une voiture dans le genre de celle de l'oncle de monsieur, un carrosse qui a bien cent ans.

— Et cette voiture s'est arrêtée à l'hôtel de Vénasque?

— Oui, monsieur. Elle est entrée dans la cour, et la porte cochère s'est refermée.

— Qui contenait-elle?

— Une vieille dame et une jeune fille, toutes deux vêtues de noir; plus un vieux domestique, que mes collègues ont salué avec respect.

— C'est bien. Je te remercie.

Et M. de Saint-Sauveur congédia le valet de nouveau.

La vieille dame c'était, à n'en pas douter, Mlle Ursule de Vénasque qui venait sans doute à Aix pour courir chez les juges faire appel à ses alliances de famille et protester, la pauvre femme, de l'innocence de son neveu.

Mais la jeune fille?

M. de Saint-Sauveur se demandait vainement qui ce pouvait être; et pourtant un instinct secret lui disait que c'était plutôt la jeune fille que la vieille demoiselle qui avait veillé toute la nuit, et dont il avait surpris la lampe matinale.

Le pouvoir d'un juge d'instruction est sans limites.

Toutes les portes s'ouvrent devant lui à sa première réquisition.

Dans l'intérêt de la loi, il peut pénétrer partout.

M. de Saint-Sauveur forma son dessein, quitta sa table de travail et se dit :

— Je veux savoir quelle est cette jeune fille.

Il s'habilla sans le secours de Baptistin, cette fois, non plus en troubadour, mais en magistrat, c'est-à-dire qu'il revêtit une redingote noire, mit une cravate blanche et prit sous le bras un portefeuille de maroquin noir.

Mme de Saint-Sauveur, rentrée du bal au petit jour, dormait encore.

Le juge d'instruction sortit de chez lui et traversa la place, qui est du reste toute petite, et bordée de maisons uniformes dans leur architecture.

Puis il alla tout droit à la porte de l'hôtel de Vénasque et frappa.

Le coup de marteau résonna à l'intérieur avec un bruit lugubre.

Peu après, M. de Saint-Sauveur entendit un pas lourd dans le vestibule, et, la porte ouverte, il se trouva face à face avec le vieux valet, qui ne quittait jamais Belleroche, et revenaît à Aix pour le première fois depuis le procès et l'acquittement du grand Vénasque.

Cet homme n'avait jamais vu M. de Saint-Sauveur, et il ne soupçonna même pas que ce fût le juge chargé de l'instruction du procès.

— Pensez-vous que Mlle de Vénasque puisse me recevoir? demanda-il.

Avant de quitter Belleroche, Mlle Ursule de Vénasque avait écrit force lettres à tous les parents de sa famille pour leur annoncer sa prochaine arrivée.

Malgré sa simplicité dévotieuse, la bonne demoiselle n'avait point perdu la tête.

La sainte fille avait senti bouillonner dans ses veines quelques gouttes du sang batailleur de ses aïeux, et elle était prête à la lutte, puisant sa force dans la conviction qu'elle avait de l'innocence de son neveu.

Le vieux valet reçut donc M. de Saint-Sauveur, persuadé qu'il était un ami ou un parent de la famille de Vénasque.

— Mademoiselle est encore couchée, dit-il, car nous sommes arrivés très-tard, mais elle m'a ordonné de la prévenir aussitôt qu'il viendrait de ses amis.

Il ouvrit un des battants de la porte du

grand salon qui se trouvait au rez-de-chaussée et s'effaça pour laisser entrer M. de Saint-Sauveur.

Celui-ci alla s'asseoir auprès d'une fenêtre, et, tandis que le vieux valet s'en allait, le magistrat se fit cette question :

— Ah çà! que viens-je faire ici?

La conscience du magistrat lui répondit :

— Tu viens faire un supplément d'enquête, rechercher la vérité minutieusement.

La conscience de l'homme ajouta :

— Tu viens poussé par un vague sentiment de curiosité.

Et, comme il attendait la vieille demoiselle, la porte s'ouvrit et une femme entra.

Elle était rayonnante de beauté, en dépit de ses habits de deuil et de la tristesse répandue sur son front ; et M. de Saint-Sauveur, qui s'était vivement levé au bruit de la porte, recula abasourdi.

Cette jeune fille, c'était Mlle Marthe de Montbrun de Sainte-Marie.

Elle connaissait le juge d'instruction. D'abord, elle l'avait souvent rencontré dans le monde, à Aix; puis M. de Saint-Sauveur s'en était allé, au début de l'affaire dont il était chargé, au château de Montbrun, pour y commencer son enquête.

L'étonnement du jeune magistrat fut si grand qu'il ne put retenir ces paroles :

— Vous, ici, mademoiselle ?

— Oui, monsieur, répondit-elle avec calme, ma place est désormais dans cette maison. M. de Vénasque est mon fiancé, il est mon époux devant Dieu ; quelque cruelle que soit l'heure présente, j'espère encore des jours meilleurs, et c'est sous le toit de la famille de celui que j'aime que je dois vivre désormais.

Mon père l'a compris ainsi, du reste, ajouta-t-elle, puisqu'il m'a conduit lui-même au château de Belleroche.

M. de Saint-Sauveur avait baissé les yeux devant le clair regard de la jeune fille.

Marthe poursuivit :

— Ce sont vos fonctions sans doute qui vous amènent ici. Parlez, monsieur, interrogez, ordonnez... nous sommes prêtes, *ma tante* et moi, à obéir à la justice.

— Mademoiselle, répondit M. de Saint-Sauveur avec émotion, vous croyez à l'innocence de M. de Vénasque, et moi je cherche la preuve de cette innocence. Ne me considérez donc pas comme un ennemi.

Marthe s'inclina.

En ce moment, Mlle Ursule de Vénasque apparut au seuil du salon, et la jeune fille lui dit :

— Ma tante, voilà M. de Saint-Sauveur, le juge d'instruction.

— Ah! oui, dit la vieille demoiselle, monsieur est le neveu du conseiller Féraud. Nous sommes vraiment privilégiés dans notre famille, car nous avons affaire à une dynastie de juges.

Et la sainte fille releva la tête avec une expression hautaine, et regarda fièrement cet homme qui, jusque-là, semblait poursuivre son neveu avec l'acharnement autrefois déployé par le conseiller Féraud, demandant la tête du grand Vénasque.

— Mais, ajouta-t-elle, quand on a la paix de Dieu, on est tranquille; et notre maison sortira de cette épreuve comme elle a triomphé des autres.

. . . .

IX

M. de Saint-Sauveur était comme dominé par le calme plein de foi de ces deux femmes, qu'une affection commune avait réunies.

La vieille demoiselle parlait des infortunes de sa maison avec la stoïque résignation des martyrs qui savent que le ciel est la récompense de ceux que les hommes persécutent.

Mlle de Montbrun se parait par avance, avec un noble orgueil, de ce titre d'épouse qu'elle n'avait pas encore, qu'elle n'aurait peut-être jamais.

Cette attitude bouleversa la conviction de M. de Saint-Sauveur, bien plus que la logique précise et serrée de son oncle.

Etait-il possible que M. de Vénasque eût été le chef des pénitents noirs, sans que ni sa tante ni sa fiancée ne s'en doutassent?

La question était là tout entière, maintenant, car il était impossible d'admettre que cette sérénité qui régnait à la fois sur ce front jeuné et pur et sous ces cheveux blancs fût un masque d'hypocrisie.

Une chose était acquise pour M. de Saint-Sauveur, la parfaite bonne foi des deux femmes. Elles croyaient à l'innocence du baron.

Et M. de Saint-Sauveur se souvint alors qu'il avait, bien avant que M. de Vénasque fût accusé, ressenti pour lui une sorte d'aversion, une haine sourde, et qui eût été inexplicable si, comme on se le rappel'e, la femme qu'il avait épousée n'eût été jadis courtisée par le baron.

A ce souvenir, le jeune magistrat eut un frisson d'épouvante.

Avait-il bien agi jusque-là comme un simple instrument de la loi?

N'avait-il pas, au contraire, obéi sans le vouloir et même sans le savoir à un sentiment de jalousie?

Il se dit tout cela en présence de ces deux femmes qui le regardaient avec plus de curiosité que d'irritation et paraissaient ne rien craindre.

Et toutes ces réflexions il les fit en moins de temps qu'il n'en faut à l'éclair pour deveni coup de tonnerre, si bien que Mlle de Vénasque ajouta :

— Vous ne trouverez pas grand'chose ici, monsieur, qui puisse vous éclairer. Nous n'étions presque jamais ici. Il y a plus de deux ans que je n'étais venue à Aix, et mon neveu n'y est venu lui-même qu'une fois cette année.

Le souvenir de la lampe nocturne se représenta soudain à l'esprit de M. de Saint-Sauveur.

— Mademoiselle, dit-il, croyez bien que je cherche les preuves de l'innocence de votre neveu, et que c'est bien plutôt le gentilhomme, l'homme qui désire qu'un de ses pairs ne soit pas flétri, qui vient ici, que le magistrat soumis aux rigueurs d'un devoir douloureux.

Il prononça ces paroles avec une émotion qui impressionna les deux femmes.

— Je vous remercie, monsieur, lui dit Marthe avec une froide dignité; ma tante et moi nous croyons à la justice de notre pays, et c'est parce que nous avons en elle une foi profonde que vous nous voyez calmes et presque souriantes.

— Mademoiselle, dit encore M. de Saint-

Sauveur, s'adressant à la vieille fille, M. votre neveu est venu ici, me dites-vous?

— Oui, monsieur, il y a six mois environ.

— Vous souviendriez-vous d'une date exacte?

— Il est parti de Belleroche le 27 avril, à trois heures du matin.

— Vraiment?

Et M. de Saint-Sauveur se disait :

— C'est bien le 27 avril que la présidente donnait un bal. Donc, c'était lui qui était dans l'hôtel.

Puis, tout haut :

— Est-il resté ici longtemps?

— Non, monsieur, une nuit.

— Ah!

— Il est reparti le lendemain.

— Pour Belleroche?

— Non, pour Toulon.

— Et quand est-il revenu de Toulon?

— Mais, monsieur, dit Mlle de Vénasque, de Toulon il est allé rejoindre MADAME.

— Sans revenir à Belleroche?

— Sans y revenir.

— Mademoiselle, dit M. de Saint-Sauveur, voilà où le mystère devient profond, inexplicable; et, je vous le répète, non-seulement l'amour de la vérité et le devoir du magistrat m'ont amené ici, mais encore l'ardent désir de voir cette innocence à laquelle vous croyez se dégager lumineuse des ténèbres profondes qui l'enveloppent.

— Demandez, monsieur, dit Mlle de Vénasque, nous sommes prêtes à vous répondre.

— Vous m'affirmez que votre oncle est venu ici le 27 avril ?

— Oui, monsieur.

— Qu'il a quitté le château de Belleroche à trois heures du matin ?

— Oui.

— Et qu'il a pris la route d'Aix?

Mme de Vénasque fit un signe affirmatif.

— Voilà que votre déposition est en complet désaccord avec celle d'un homme qui cependant n'est point l'ennemi de votre famille, mademoiselle.

— Et... cet homme? fit Marthe.

— Se nomme Simon Bartalay.

— Le passeur de Mirabeau?

— Oui.

— Eh bien? fit Mlle de Védasque.

— Il a vu passer, cette même nuit du 27 avril, votre neveu dans la diligence se rendant, non point à Aix, mais dans les Alpes.

— Cela est parfaitement vrai, dit Mlle de Vénasque.

— Mais alors?

— Monsieur, reprit la vieille fille, mon neveu n'est pas un bandit, mais il est un conspirateur ; voici ce dont nous ne nous cachons pas. Depuis longtemps, il était inscrit un des premiers sur la liste des gentilshommes provençaux qui devaient protéger le débarquement de Madame, essayer de soulever le Midi et la proclamer régente en arrivant à Bordeaux.

La police de Louis-Philippe avait été avertie que de graves événements se préparaient, et les plus ardents royalistes étaient surveillés.

Mon neveu a donc pris la route des Alpes ; seulement, à une lieue au delà de Mirabeau, il est descendu de la diligence.

— Bien.

— Un cabriolet l'attendait dans un bois de chênes-verts. Henri est monté dans ce cabriolet, a pris un chemin de traverse et est allé déjeuner à Perthuis. Cette manœuvre était suffisante pour détourner les soupçons du maire de Cadarache, notre commune, lequel avait reçu des ordres de vigilance concernant mon neveu.

— Et de Perthuis, où est-il allé?

— Il est venu à Aix, repassant la Durance sur le pont de fil de fer.

Ces renseignements que Mlle de Vénasque donnait avec tant de précision et de clarté manquaient complétement à l'instruction.

Simon avait vu passer le baron, mais il ne l'avait point vu revenir.

D'un autre côté, si M. de Vénasque était venu à Aix le 27 au soir, qu'il en fût parti le 28 pour aller à Toulon et que, de cette dernière ville, on pût retrouver sa trace jour par jour jusqu'à celui où il avait rejoint la duchesse de Berri, l'homme n'ayant pas le don d'ubiquité, il était évident qu'il ne pouvait être à la fois sur la route de Bordeaux et dans le Luberon, organisant la bande des pénitents noirs.

Jusqu'alors l'accusation avait eu beau jeu, et tout semblait lui donner raison.

Mais voici qu'une lueur se faisait pour la défense, et que cette lueur promettait de devenir éclatante.

Le front de M. de Saint-Sauveur s'était éclairci.

Evidemment il ne demandait pas mieux que de voir triompher l'innocence de M. de Vénasque.

— Mademoiselle, dit-il encore, est-il possible de prouver que votre neveu a quitté la diligence à une lieue de Mirabeau ?

— Oui, monsieur.

— Qu'il est allé déjeuner à Perthuis ?

— Rien de plus facile.

— Et qu'on l'a vu dans la journée sur la route de Perthuis à Aix ?

— Il a dû s'arrêter à Venelle pour donner de l'avoine à son cheval.

— Enfin, mademoiselle, dit encore M. de Saint-Sauveur, s'il est parti d'ici le 28 pour Toulon, comment est-il parti ?

— Par la diligence.

— Ce qui est facile à vérifier par les livres des messageries, dit M. de Saint-Sauveur.

Et il se leva et prit congé.

Marthe de Montbrun et Mlle de Vénasque le reconduisirent jusqu'au seuil de la grand'-porte avec une dignité calme.

— Adieu, mesdames, dit-il. Au revoir, plutôt. Ayez foi en la justice.

— Et en Dieu, acheva la sainte fille.

Et M. de Saint-Sauveur s'en alla en se disant :

— Je commence à partager l'opinion de mon oncle. M. le baron Henri de Vénasque pourrait bien être innocent!...

X

M. de Saint-Sauveur était, dans toute l'acception du mot, ce qu'on appelle un galant homme; il savait faire un retour sur lui-même et convenir de ses torts.

Rentré chez lui, enfermé dans son cabinet, le jeune magistrat s'aperçut que depuis six semaines, croyant obéir simplement à son devoir, il obéissait à une foule de passions purement humaines.

De parti pris il avait cru à la culpabilité de M. Henri de Vénasque.

Pourquoi ?

Parce que, dans sa jeunesse, il avait toujours

entendu son oncle le conseiller soutenir que le grand Vénasque, bien qu'acquitté, était coupable.

Parce que, élevé dans une sorte de suspicion de cette race, il avait toujours éprouvé pour elle une secrète aversion.

Enfin, comme on le sait, il avait été pendant quelque temps question d'un mariage entre sa cousine germaine et le baron Henri.

Sa cousine devenue sa femme, M. de Saint-Sauveur en avait éprouvé un redoublement d'aversion pour les Vénasque.

Mais voici que, tout à coup, son oncle changeait de langage et proclamait innocent celui qu'il avait toujours dit coupable ; que lui, M. de Saint-Sauveur, pénétrait sous le toit paternel de l'homme qui, à cette heure, était enterré vivant dans un cachot, et qu'il trouvait sous ce toit deux femmes au regard céleste, à la parole inspirée, qui prononçaient avec amour et respect le nom de l'homme qu'on accusait.

L'esprit droit et loyal de M. de Saint-Sauveur avait donc subi une réaction violente et comme un entier revirement.

A présent il souhaitait ardemment que M. de Vénasque fût innocent, et il se faisait le serment de tout mettre en œuvre pour acquérir la preuve de cette innocence.

Il commença donc par transcrire lui-même de mémoire les déclarations de Mlle de Vénasque.

Puis il se rendit chez le procureur général, auquel il dit :

— De nombreuses charges accablent l'inculpé, mais de fortes présomptions s'élèvent d'autre part en faveur de son innocence. La lumière n'est pas faite, mon dossier est incomplet, il me sera impossible d'être prêt pour les prochaines assises.

A quoi le procureur général répondit avec un certain empressement :

— Remettons, en ce cas, l'affaire à une autre session.

On a dit bien souvent que les juges du parquet ne voient jamais que des coupables ; c'est un tort. La justice française a l'amour de la loi et de la vérité, et le procureur général auquel M. de Saint-Sauveur s'adressait, avait le plus ardent désir de voir triompher l'innocence d'un homme qui appartenait à une des familles les plus honorables de Provence.

L'affaire remise, M. de Saint-Sauveur avait

son temps devant lui ; mais il n'était pas homme à perdre une minute.

Il commença par se rendre au bureau des messageries Reban-Avon, lesquelles faisaient le service d'Aix à Toulon.

On rechercha avec lui la feuille de départ du 28 avril.

Le nom de M. de Vénasque s'y trouvait.

M. de Saint-Sauveur voulut voir le conducteur qui, précisément, était à Aix.

Le conducteur avait bonne mémoire ; non-seulement il se souvint que M. de Vénasque occupait le coupé, mais encore il affirma que le jeune homme était descendu à Toulon, à l'hôtel de la Marine et des Colonies.

Cette certitude acquise, M. de Saint-Sauveur courut chez le conseiller Féraud.

Le vieillard allait se rendre à pied au bureau de la diligence, accompagné de Milon qui portait son modeste bagage, lorsque son neveu arriva.

M. de Saint-Sauveur lui fit part de son étrange démarche à l'hôtel de Vénasque, et lui raconta ce qui s'en était suivi.

Le conseiller l'écouta attentivement, puis il lui dit :

— Eh bien, vous savez à présent ce qu'il vous reste à faire.

— Non, mon oncle, et je venais vous consulter...

— Alors, écoutez. Il faut partir pour Toulon aujourd'hui même.

— Bon !

— Descendre à l'hôtel des Colonies et suivre jour par jour, heure par heure, la trace du baron de Vénasque jusqu'au 12 mai. S'il vous est démontré qu'à cette date l'accusé n'était pas revenu à Belleroche, vous ne douterez plus de son innocence.

— Assurément non, répondit M. de Saint-Sauveur.

Et il prit congé de son oncle.

A quatre heures de l'après-midi, le jeune magistrat montait dans la diligence de Toulon, où il arrivait le lendemain dans la matinée.

Il était maintenant plein d'espoir.

Ce n'était plus un juge d'instruction, c'était un ami qui désirait ardemment réunir les preuves de l'innocence de son ami.

Selon la vérification du conducteur, M. Henri de Vénasque était descendu à l'hôtel de la Marine et des Colonies.

M. de Saint-Sauveur s'y rendit.

Mais là une déception l'attendait.

Le nom du baron ne se trouvait pas sur les registres de l'hôtel.

M. de Saint-Sauveur pensa alors que le conducteur s'était trompé, et il se mit à courir les autres hôtels de la ville.

Nulle part on ne retrouvait le nom du baron.

La lumière faisait place aux ténèbres.

M. de Saint-Sauveur, désespéré, allait reprendre la diligence pour revenir à Aix, lorsqu'il eut une inspiration.

Il retourna à l'hôtel de la Marine, et se fit représenter le livre des voyageurs.

Chose bizarre! il n'y avait aucune page portant la date du 29 avril, jour où M. de Vénasque avait dû arriver.

Il était pourtant impossible d'admettre qu'à Toulon, où il y a un grand mouvement de voyageurs, aucun ne fût descendu ce jour-là à l'hôtel de la Marine.

Une page portait la date du 28, l'autre du 30.

En y regardant de plus près, M. de Saint-Sauveur finit par remarquer qu'un feuillet avait été très-adroitement détaché.

Un feuillet devait évidemment porter la date

du 29. Pourquoi avait-on enlevé ce feuillet?

M. de Saint-Sauveur fit subir un véritable interrogatoire au maître d'hôtel.

Mais celui-ci était un homme au-dessus du soupçon. Il était honorablement connu dans la ville depuis plus de trente ans et sa bonne foi ne pouvait être mise en doute.

Néanmoins, M. de Saint-Sauveur crut devoir entrer avec lui dans des détails de telle nature, que le brave homme finit par se souvenir que, dans les derniers jours du mois de mai, deux voyageurs étaient arrivés au milieu de la nuit, quand tout le monde était couché.

Le garçon de service, après leur avoir donné une chambre, leur avait montré le livre et leur avait présenté une plume.

Mais ils l'avaient envoyé leur chercher de l'eau-de-vie, et le livre était resté en leur possession pendant un quart d'heure environ.

Le garçon d'hôtel fut interrogé.

Il se rappelait parfaitement le nom pris par les deux voyageurs.

L'un s'appelait Durand, l'autre Barthélemy.

Tous deux se disaient voyageurs du commerce, et ils étaient repartis le lendemain.

Alors M. de Saint-Sauveur se fit ce raisonnement :

— Si ce sont ces deux hommes qui ont arraché le feuillet sur lequel se trouvait le nom de M. de Vénasque, ils connaissaient le baron et avaient un intérêt quelconque à faire disparaître sa trace. Il y a donc absolue nécessité de les retrouver.

Et M. de Saint-Sauveur interrogea les portefaix de l'hôtel, qui lui apprirent qu'ils avaient transporté les bagages des voyageurs au bureau des messageries de Marseille.

En vertu de son pouvoir discrétionnaire, le jeune magistrat se fit représenter les feuilles des messageries.

L'une, qui était à la date du départ des deux voyageurs de l'hôtel de la Marine, faisait mention de deux hommes partis à six heures du matin, non pour Marseille, mais pour Ollioules.

Seulement, ils ne s'appelaient ni Barthélemy ni Durand.

L'un avait signé Bernard, l'autre Antoine.

Ce que personne n'eût remarqué frappa M. de Saint-Sauveur.

Le D qui terminait le nom de Bernard était

absolument semblable à celui qui terminait sur la feuille de l'hôtel le nom de Durand.

Il y avait même à la suite une sorte de parafe identique.

M. de Saint-Sauveur demeura convaincu que c'étaient les mêmes individus qui, pour des raisons mystérieuses, avaient changé de nom.

Et il partit pour Ollioules.

XI

Ollioules n'est pas une grande ville, mais un petit pays où les auberges ne sont pas nombreuses.

M. de Saint-Sauveur descendit à *la Licorne*, qui était la plus importante.

Là il se fit pareillement présenter le livre de police.

Il ne trouva dessus ni le nom d'Antoine, ni celui de Bernard.

En revanche, un voyageur avait signé : Léopold.

Le D final et le parafe étaient les mêmes.

Evidemment le Durand de l'hôtel de la Marine, le Bernard qui avait pris la diligence et le Léopold qui était descendu à *la Licorne* étaient un seul et même personnage.

M. de Saint-Sauveur, une fois cette conviction acquise, eut l'idée de feuilleter le livre de police et de rechercher la page qui portait la date du 30 avril.

Cette page avait été déchirée, et cette page absente avait dû porter le nom de M. de Vénasque.

Mais Ollioules n'est pas Toulon; il n'y a pas ce va-et-vient perpétuel de voyageurs qui ne permet pas aux hôteliers, à six mois de distance, de se rappeler le nom et la physionomie de ceux qui ont logé chez eux.

M. de Saint-Sauveur interrogea le maître d'hôtel, sa femme et ses deux servantes.

Tous les quatre se rappelèrent fort bien un jeune homme qui arrivait de Toulon, qui avait fort bonne mine et était semblable en tout au portrait que le juge d'instruction leur en fit.

Il avait écrit son nom sur le livre, mais ce nom, on ne s'en souvenait pas.

Le maître d'hôtel fut même fort étonné

quand M. de Saint-Sauveur lui fit remarquer la soustraction d'un feuillet de ce livre.

Alors, comme à Toulon, on se souvint de deux voyageurs de commerce qui avaient passé la nuit à la *Licorne* et s'étaient fait pareillement monter le livre dans leur chambre et l'avaient eu un moment à leur disposition.

— Mais qu'est devenu votre premier voyageur ? demanda M. de Saint-Sauveur.

L'hôtelier ne se rappelait pas si celui que M. de Saint-Sauveur supposait être M. de Vénasque avait passé un ou deux jours chez lui, et s'il était reparti soit pour Toulon, soit pour Marseille.

Mais une des servantes eut meilleure mémoire et dit :

— Il n'a pas pris la diligence.

— Ah ! fit M. de Saint-Sauveur.

— Il est resté ici deux jours, continua la fille d'auberge, et il n'est guère sorti de sa chambre, où on lui servait ses repas.

Quand la diligence arrivait, il se mettait à la fenêtre, en ayant soin de pousser la persienne, de façon à n'être pas vu, et il regardait les voyageurs qui descendaient, comme un homme qui attend quelqu'un.

— Mais enfin, au bout de deux jours, il est parti?

— Oui, monsieur.

— Comment?

— Il n'avait pour tout bagage qu'une petite valise, qu'il a prise sous son bras et avec laquelle il s'en est allé.

— A pied?

— Oui, monsieur.

Et la servante se prit à sourire.

— On me fait toujours le reproche, dit-elle, d'être curieuse. C'est la patronne, du moins. Mais, pour cette fois, je ne me repens pas.

— Pourquoi cela, mon enfant?

— Parce que j'ai vu des choses qui peuvent vous être utiles, monsieur le juge, répondit la servante.

— Et qu'avez-vous vu?

— Ça m'intriguait qu'un voyageur s'en allât le soir, après huit heures, à pied, son bagage à la main, après avoir payé sa dépense. On n'y voit pas clair dans les rues.

Je suis sortie par la porte de la cour, et j'ai suivi mon voyageur de loin, sans qu'il fît attention à moi.

— Bon!

— Quand il a été hors du pays, il a quitté la grande route et pris un chemin qui va dans les champs.

Il y avait deux autres personnes à l'entrée de ce chemin, deux hommes que je n'ai pu reconnaître, car il faisait nuit et qu'ensuite je n'osais pas m'approcher.

Il y en a un qui a pris la valise du jeune homme; ils ont parlé un moment à voix basse, puis ils se sont en allés.

— En suivant le sentier?

— Oui, monsieur.

— Et vous les avez perdus de vue?

— Oui, monsieur.

— Mais, dites-moi, mon enfant, reprit M. de Saint-Sauveur, si vous vous trouviez en présence de ce jeune homme, le reconnaîtriez-vous?

— Oh! certainement, monsieur.

— Eh bien, il faut venir avec moi.

— Où cela?

— A Aix.

Et comme la servante regardait ses maîtres avec une certaine anxiété, M. de Saint-Sauveur ajouta :

— Oh! soyez tranquille, la justice ne vous

dérangera pas sans vous indemniser largement.
Faites vos préparatifs, nous partons aujourd'hui même.

M. de Saint-Sauveur avait un but en voulant confronter la servante avec M. de Vénasque : acquérir la certitude que c'était bien lui dont les deux voyageurs mystérieux avaient fait disparaître les traces à Toulon et à Ollioules.

Il partit donc, emmenant la fille d'auberge.

Le lendemain, il était à Aix.

Depuis son incarcération, M. de Vénasque avait été au secret et n'avait pu voir personne.

Si fort que soit un homme, il finit toujours par se laisser un peu abattre par la prison, et surtout par l'isolement.

Depuis six semaines, l'accusé était sans nouvelles de sa tante, sans nouvelles de Marthe.

Interrogé plusieurs fois par M. de Saint-Sauveur, il avait protesté de son innocence avec dédain et hauteur, n'oubliant pas que M. de Saint-Sauveur était le neveu de l'homme qui avait jadis persécuté sa famille.

Cette attitude n'avait pas peu contribué, du reste, à indisposer le juge d'instruction, avant que M. le conseiller Féraud d'abord, et la visite qu'il avait faite aux deux femmes ensuite, ne l'eussent ramené à d'autres sentiments.

Henri était triste, abattu, mais calme.

Le criminel voit approcher avec épouvante l'heure de son jugement ; l'innocent est pressé de paraître devant ses juges.

Quand M. de Saint-Sauveur arriva et pénétra dans son cachot, Henri témoigna quelque étonnement, car jusque-là il avait toujours été conduit dans la cabinet du juge d'instruction.

Il fut également frappé du visage triste et pour ainsi dire affectueux du jeune magistrat.

— Monsieur, lui dit M. de Saint-Sauveur, je viens ici moins en juge qu'en ami.

Henri le regarda avec stupeur.

— J'ai eu l'honneur de voir Mme votre tante et Mlle de Montbrun votre fiancée...

Henri jeta un cri.

— Et je vous apporte la bonne nouvelle que le secret est levé et que ces dames pourront venir vous voir.

Il parlait avec douceur, avec émotion, et, pris d'une subite reconnaissance, Henri s'écria :

— Ah ! je vous remercie, monsieur.

— Vous me remercierez, monsieur, reprit gravement M. de Saint-Sauveur, quand j'aurai fait triompher votre innocence, à laquelle je crois maintenant; mais il faut que vous m'aidiez en cela.

— Je vous ai dit la vérité, monsieur.

— Oui, mais pas la vérité tout entière.

— Il est des secrets qui ne sont pas les miens.

— Soit, mais la justice a pour mission de les pénétrer, et je me vois forcé de vous confronter avec une personne dont le témoignage peut vous être très-utile.

Sur ces mots, M. de Saint-Sauveur frappa deux petits coups à la porte du cachot qu'on avait refermée sur lui.

Cette porte se rouvrit et un gendarme introduisit la servante, qui était fort émue.

— Reconnaissez-vous monsieur? demanda le juge.

— Ah! oui, dit la servante, c'est bien le monsieur dont je vous ai parlé.

— Je reconnais aussi cette fille, dit Henri c'est la servante de l'hôtellerie de *la Licorne*, à Ollioules.

M. de Saint-Sauveur respira.

— Ah! dit-il, j'ai déjà une preuve en votre faveur.

Il fit emmener la servante, et continua :

— Vous avez quitté Aix le 27 avril, n'est-ce pas?

— Oui, monsieur.

— Vous êtes allé à Toulon?

— C'est parfaitement exact.

— Vous êtes descendu à l'hôtel de la Marine et des Colonies?

— Oui.

— Avez-vous inscrit votre nom sur le livre de l'hôtel?

— Sans doute.

— Aviez-vous intérêt à vous cacher?

— Nullement.

— Vous êtes allé ensuite à Ollioules?

— Oui, monsieur.

— Avez-vous pareillement écrit votre nom?

— Je l'ai écrit.

— Mais vous êtes parti à pied de cette dernière ville?

— Cela est vrai.

— Emportant votre valise à la main?

Henri fit un signe de tête affirmatif.

— Et où êtes-vous allé?

Henri se prit à sourire.

— Voilà, monsieur, dit-il, où finissent mes secrets à moi et où commencent ceux des nôtres. Souffrez que je me taise.

Le mystère recommençait!...

XII

M. de Saint-Sauveur fronça le sourcil.

— Monsieur le baron, reprit-il avec courtoisie, je vous l'ai dit en entrant ici, je ne suis pas un juge d'instruction en ce moment, je suis un gentilhomme désespéré de voir un autre gentilhomme sous le coup d'une accusation des plus graves, et qui voudrait pouvoir faire triompher votre innocence.

Mais pour cela il faut que vous m'aidiez.

— Je suis prêt à vous répondre, monsieur, sur tout ce qui me concerne personnellement et ne concerne que moi, répliqua Henri de Vénasque.

— Alors, permettez-moi de vous questionner encore.

— Faites, monsieur.

— Je prends pour point départ votre version. Vous avez quitté votre château de Belleroche pour vous joindre aux partisans de la duchesse de Berri ?

— C'est la vérité, monsieur.

— Vous êtes venu à Aix le 28 avril, et j'en ai la preuve.

Vous étiez à Toulon le 29 ?

— Oui, monsieur.

— Vous n'aviez encore aucune raison de vous cacher?

— Aucune.

— Et vous avez inscrit votre nom sur le livre de l'hôtel ?

— Cela est parfaitement exact.

— Vous en avez fait autant à Ollioules ?

— Oui, monsieur ; mais, à partir de là, je ne suis plus seul, et, je vous le répète, je ne puis vous dire ce que j'ai fait.

— Soit, je ne vous le demande pas. Cependant il est une chose qui, pour moi, est de la dernière importance.

— Laquelle?

— Pouvez-vous me dire si, par la suite, vous avez eu un intérêt quelconque à dissimuler votre séjour à Toulon et à en faire disparaître les traces?

— Je n'ai jamais eu aucun intérêt à cela, répondit Henri de Vénasque qui parut étonné de la question.

— Et les amis mystérieux dont vous taisez le nom n'avaient à cela, non plus, aucun intérêt?

— Pas le moindre. D'ailleurs, ajouta Henri, ils ne savaient même pas que je venais de Toulon. Mon voyage, dans cette ville, n'a eu d'autre but que celui d'aller retirer chez un notaire une somme de quinze mille francs dont j'avais besoin, car j'avais quitté Belleroche presque sans argent.

A mesure que le baron Henri de Vénasque donnait ces explications, le front de M. de Saint-Sauveur se rassérénait.

— Alors, monsieur, dit-il, si ni vous, ni vos amis n'avez eu intérêt à cacher votre passage à Toulon, vos ennemis ont pensé autrement.

Henri tressaillit.

— Je ne me connais pas d'ennemis, dit-il.

— Pardon, il faut bien admettre l'hypothèse que, si vous n'êtes pas retourné aux bords de la Durance, si vous n'avez pas commandé les pénitents noirs...

— Jamais !

— Si enfin l'homme qu'on désignait sous le nom du capitaine n'est pas vous, il aura été si bien servi par le quiproquo, qu'il aura agi de façon à vous compromettre pour se sauver.

— Cela est vraisemblable, en effet.

— Les paroles qu'il a prononcées en faisant feu sur M. de Montbrun en sont la preuve.

— Vous avez raison, monsieur.

— Donc cet homme et les siens sont vos ennemis.

— Et ils ont fait disparaître mes traces?

— Oui.

— Mais comment cela?

— Le feuillet du livre de l'hôtel sur lequel vous avez écrit votre nom a été enlevé.

— Ah!

— A Toulon d'abord, à Ollioules ensuite.

— Je ne comprends pas dans quel but.

— C'est bien simple pourtant.

— Comment cela?

— A peu près à l'époque où on assassinait M. de Montbrun, vous étiez à soixante lieues de distance, à Toulon et à Ollioules ensuite.

— Bien.

— Vous êtes arrêté. Actuellement, vous affirmez avoir été à Toulon, et vous croyez prouver facilement votre alibi. Sur vos indications, on se rend à Toulon, on cherche votre nom sur les livres d'hôtel, et on ne le trouve pas.

— Ah! je comprends enfin, s'écria Henri; mais quels sont ces hommes?

— Voilà ce que j'ignore; mais voilà ce que je découvrirai. Eux aussi, ont laissé une trace derrière eux.

— En vérité!

— Et ces hommes, qui sont peut-être les vrais coupables, la justice saura les faire parler.

— Monsieur, répondit Henri ému, je ne puis plus en douter, vous avez foi en mes paroles; vous me croyez innocent.

— Oui, mais je n'en ai pas la preuve, et c'est cette preuve qu'il me faut. L'homme est convaincu; mais le magistrat ne peut pas se contenter d'une conviction : il lui faut une certitude.

— Je vous compends.

— Maintenant, poursuivit M. de Saint-Sauveur, supposez une chose encore.

— Laquelle?

— C'est que je découvre l'emploi de votre temps depuis le 30 avril jusqu'au 10 mai.

Henri eut un geste qui signifiait :

— Ce n'est pas moi qui vous y aiderai.

— Je ne vous demande pas votre secret, continua le jeune magistrat, mais je puis le découvrir.

— Eh bien ?

— Une fois que j'ai la preuve que, du 30 avril au 10 mai, vous n'avez pas quitté le bord de la mer, j'ai par là même la preuve que vous n'étiez pas au château de Montbrun à la même époque.

— Bon !

— Et je rends une ordonnance de non-lieu, et vous êtes en liberté.

— Monsieur, dit Henri avec un calme plein de noblesse, j'ai vécu dix jours cachés et attendant un mot d'ordre qui ne venait pas, chez des gens, que je compromettrais et que je ruinerais par cette révélation. Si chère que me soit la liberté, si ardent que soit mon désir de voir mon innocence éclater au grand jour, je ne puis souhaiter, vous le comprenez, que a justice découvre les personnes qui m'ont onné asile.

— Mais, monsieur, dit M. de Saint-Sauveur, vous ne savez peut-être pas qu'il y a eu depuis votre incarcération une amnistie.

— Je le sais.

— Alors vous pouvez parler !

— Non, car les gens qui m'ont caché tiennent leur pain du gouvernement contre lequel, moi, je conspirais.

M. de Saint-Sauveur baissa la tête.

Puis, après un silence :

— Vous voyez donc bien, dit-il, qu'il faut que je retrouve les vrais coupables.

Et il tendit la main au prisonnier.

— A partir d'aujourd'hui, ajouta-t-il, le escret est levé.

— Je pourrai écrire à ma tante ?

— Vous pourrez la voir ; elle est à Aix, et Mlle de Montbrun habite avec elle sous votre toit.

Quelques larmes roulèrent dans les yeux du prisonnier.

— Ah ! monsieur, dit-il, pardonnez-moi mes torts ; je vous haïssais instinctivement.

— A cause de mon oncle, peut-être.

— Oui, dit Henri, qui eut un éclair de haine dans le regard.

— Mon oncle, répliqua M. de Saint-Sauveur, est le plus ardent à croire à votre innocence.

— Ah!

— Et tout ce que j'ai fait depuis trois jours, je l'ai fait sous son inspiration.

— C'est impossible!

— Cela est vrai, monsieur. Mon oncle a poursuivi le vôtre, il le croyait coupable. Il se trompa, et il en a eu la preuve dix ans après, et depuis six ans il expie son crime par le remords.

Et sur ces mots M. de Saint-Sauveur quitta le prisonnier.

Dans la journée, Mlle Ursule de Vénasque et Mlle de Montbrun furent averties qu'elles pouvaient visiter le baron chaque jour dans sa prison.

Le soir même M. de Saint-Sauveur quitta Aix de nouveau.

Où allait-il?

Il retournait à Ollioules; il voulait retrouver la piste de ces deux hommes qui arrachaient les feuillets des livres d'hôtellerie et qui avaient un mystérieux intérêt à prouver que M. de Vénasque n'était pas à Toulon le 30 avril.

Et le fil conducteur de M. de Saint-Sauveur n'était autre que le D final et le parafe que, par suite d'habitude, l'un des deux voyageurs laissait toujours derrière lui.

Mais M. de Saint-Sauveur avait bon espoir, car il croyait maintenant à l'innocence du baron Henri de Vénasque.

— J'ai la foi, se dit-il en montant en voiture, et la foi accomplit des miracles!...

FIN DE LA TROISIÈME PARTIE

Paris. — Typographie POINTEL, quai Voltaire, 13.

Bi

Je toute grisé
fo rouge

www.ingramcontent.com/pod-product-compliance
Lightning Source LLC
Chambersburg PA
CBHW070848170426
43202CB00012B/1991